DEJANDO HUELLAS DE LIBERTAD

Rosa Espinoza

DEJANDO HUELLAS DE LIBERTAD

PRIMERA EDICIÓN
Diciembre 2022

Editado por Aguja Literaria
Noruega 6655, dpto. 132
Las Condes - Santiago de Chile
Fono fijo: 56 - 227896753
E-Mail: contacto@agujaliteraria.com
www.agujaliteraria.com
Facebook: Aguja Literaria
Instagram @agujaliteraria

ISBN
9789564090504

Nº INSCRIPCIÓN:
2022-A-9707

TAPAS:
Imagen de Portada: Rosa Espinoza
Diseño: Josefina Gaete Silva

ÍNDICE

Prólogo

Los masajes son una parte absolutamente importante en mi vida; así como la madurez de una persona puede llegar a su clímax en un momento determinado, también lo hace la vocación: eso que he decidido llamar don.

Descubrí esta habilidad cuando tenía veintitrés años, tras salir del colegio a los dieciocho de un Liceo Comercial en el que me licencié como secretaria. Nunca pude ejercer, era demasiado inquieta para permanecer sentada, por eso luego de mi práctica nunca logré ser contratada. Por supuesto que el secretariado no era lo mío, fui como el caso de muchos jóvenes recién salidos del colegio que no tienen una idea clara de lo que quieren. Provengo de una familia de bajos recursos, por lo que no había dinero para los estudios superiores. Esos fueron años de exploración a nivel personal y laboral, estuve perdida y sin saber qué hacer, por dónde continuar. Me fui quedando atrás mientras mis amigas comenzaban sus vidas universitarias.

Hasta que un día me hablaron acerca de los masajes, me pareció interesante. Fui a investigar y me gustó, conseguí un trabajo que me permitía estudiar por la tarde. Así llegaron los primeros conocimientos sobre el oficio. Cuando terminé los estudios me puse de inmediato en un gimnasio y arrendé un espacio para trabajar ahí. Aunque me dediqué principalmente al área estética, me fue bien, nació mi único hijo en paralelo, por lo que fue una época de mucha exigencia; estaba por ser madre primeriza e iniciar una pyme. Como ocurre a muchos emprendedores, llegó el momento de querer crecer, pero me dio algo de susto hacerlo sola; busqué una aliada y me cambié a un local más grande. Pero contrario a lo que esperaba, esa aventura me dejó con una deuda más grande que el local; tuve que comenzar de cero después de ocho años en el rubro. Comencé a trabajar a domicilio, además de tomar un trabajo part-time los domingos en un spa exclusivo de Santiago. Tuve una crisis personal y laboral, cuestioné todo lo que había hecho hasta ese momento. Noté la inmadurez de mis decisiones y me sentí vacía.

Luego de esa primera crisis decidí irme a buscar nuevos rumbos. Mi destino: Nueva Zelanda. Lo más gracioso es que terminé por hacer lo mismo allá, pero de manera diferente. Aunque todo era más enfocado en la salud y el cuidado personal, lo que terminó por reencantarme con mi oficio. Me enamoré otra vez de eso que en algún momento había llamado un don. Viajé a Tailandia, España y pronto a Australia.

Ahora me entrego a la novedad. Siempre estoy comenzando algo nuevo. Lo que más me gusta de hacer masajes es la cantidad de seres humanos que he llegado a conocer, con sus increíbles historias, risas, llantos, también son de mis cosas favoritas del trabajo. Me gusta involucrarme con mis clientes-pacientes, no solo porque hay un intercambio de energías importante en las sesiones, sino porque me es imposible no entregarme de manera completa a la situación. En ocasiones, me siento parte de ellos: sentir sus venas, músculos, nudos e inflamaciones; también sus penas, rabias y dolores, ha intensificado eso.

He sentido muy cerca a los maestros, considerando que yo solo soy un canal de energía. Hago cada masaje con mucho amor porque me siento conectada con el otro, y también me desahogo porque es un espacio de comunicación. Además, tengo la certeza de que somos iguales, pero con vibraciones diferentes. En la camilla no hay fronteras, razas, estratos sociales ni religiones, ahí somos seres humanos, cuerpos que desprenden emoción, energía, dolor y alivio.

Pasados veintiún años de hacer masajes, encuentro que sin importar su tipo (estéticos, terapéuticos, tailandeses o descontracturantes), son parte de un conjunto. Depende de quién lo haga y quién lo reciba, en qué sintonía estamos lo recibimos o damos. Hoy soy feliz con lo que hago y estoy muy agradecida con cada uno de mis pacientes-clientes. Gracias a ellos he aprendido no solo a hacer masajes, también a escuchar, crecer, investigar, dar amor y desahogarme. Ha sido terapéutico para ambos lados, con muchos he generado amistad.

En Nueva Zelanda conocí gente que me hizo sentir acogida y cómoda, en varias ocasiones me quedé a compartir alguna cena después de un masaje. Con gente de la India experimenté comer el arroz con las manos, tenía que moldearlo y formar bolitas. A pesar de que me cansaba y terminaba por pedir un tenedor para volver a mis costumbres, aunque se extrañaban, me aceptaban igual. Con los tailandeses comíamos en el suelo el arroz blanco, las ensaladas sin aliños y muchas crudas. Cómo no acordarme que en varias ocasiones olvidé que comíamos en el suelo y caminé a través del mantel que para ellos era la mesa. Sus miradas de espanto anunciaban que nunca habían compartido con una latina a la hora de comer.

Una vez al mes, en Nueva Zelanda tenía que ir por mis clientes-pacientes a Wellington para atender a los filipinos; era muy emocionante, me quedaba un fin de semana completo trabajando sin parar. Me daban comida a toda hora, era increíble el cariño que nos teníamos y cómo lo expresábamos a través de los alimentos: mucho ají, verduras y arroz. Creo que son los asiáticos más amorosos que he conocido.

He compartido mis tristezas y alegrías, mis aventuras y desventuras. Hice lazos con algunas personas a las que continúo dando masajes, incluso después de veinte años. Las historias que he recibido han sido el motor a la hora de realizarlos. Con muchos falta tiempo de tanto conversar, lo que me trae más de un dolor de cabeza con la próxima persona que atenderé, porque la mayoría de las veces no veo el reloj y me paso de la hora.

No llevo la cuenta de todas las casas que he visitado ni de todas las energías que he recibido, buenas o malas. He sido parte de despedidas de soltera, le he hecho masajes a familias completas, he trabajado con mujeres embarazadas y ayudado con sus drenajes linfáticos; sus hijas han ido creciendo y se han vuelto mis clientas. También he visitado clínicas de maternidad donde alguna embarazada ha necesitado urgente un drenaje y me han requerido. He atendido a abuelas, quienes me dejan extasiada con sus historias y se toman todo el tiempo del mundo, mientras mi reloj y el de todos avanzan. Con ellas aprendí a dejar un gran espacio para la próxima clienta-paciente porque el servicio no se queda en el masaje, a eso le sigue el té. En España se reunían las amigas y me contrataban para hacer las tardes de masaje; finalizaban con alguna comida en la cual me invitaban, y en ningún caso decía que no porque la española es una de mis favoritas. He atendido parejas que se transformaron en matrimonios, a adolescentes que luego serán adultos y a tantas personas, que es imposible decir un número.

A todos ellos doy:
Gracias totales.

Tailandia

Al llegar a Nueva Zelanda tuve que esperar seis horas en tránsito del aeropuerto. Sentí mi corazón latir de emoción; independiente de todo lo que había vivido, le tenía mucho cariño a la ciudad. Fue ahí donde mi mente comenzó a abrirse: hice un negocio con pocos recursos y muchos obstáculos, con un inglés que comencé a mejorar gracias a los clientes, adaptándome a una cultura muy diferente. Tuve que sufrir el tratar de comunicarme al principio porque no entendía, además de hacer trámites hasta frustrarme o pedir que hicieran algunas de esas cosas por mí. Siempre he sido autosuficiente, pero hay ocasiones en las que necesitas redes de apoyo. Me vi en la necesidad de pedir ayuda y ver que eso no tiene nada de malo, recorrí lugares mágicos y aprendí de la bondad de muchos, quienes sin conocerte están dispuestos a ayudar, como ángeles que aparecen en el momento preciso.

Sentada frente al mar, tras los gigantes vidrios del aeropuerto de Auckland, hacía memoria de lo que había sido estar allí; pedí a Dios que me dejaran ingresar cuando volviera. Cuando llegó la hora y se anunció el vuelo con destino a Tailandia, me pidieron boleto de ida y vuelta, pero solo llevaba de ida, lista para la aventura, sin saber dónde iría después. La oficial fue muy pesada y me exigió comprar el pasaje. Siempre hay algo que te obliga a caminar como oveja, pero desde muy pequeña siempre fui en oposición a la manada, no por rebelde, sino porque me forjaba camino hacia donde mi instinto me guiara. Así y todo, despegamos.

Mi viaje a Tailandia tenía dos propósitos. El primero, querer afrontar los sentimientos y acabar con las ilusiones, en especial después de lo que había vivido en Nueva Zelanda. El segundo, algo que en ese momento todavía desconocía.

Me hice preguntas importantes y decidí perfeccionarme como masajista. Después de diecinueve años en el oficio, la especialización era el paso a seguir, pero al pasar los días solo quería encontrar mi divinidad: ¿Quién soy?, ¿cuál es mi propósito en la vida?, ¿a dónde me estoy dirigiendo?, ¿para quién hago todo esto?, ¿a dónde iré cuando me muera? ¿"Triunfar" en la vida es todo lo que hay? ¿Qué es la felicidad?, ¿qué significa todo esto?, ¿qué es el amor? La voz de mi alma empezó a despertar. Comencé a ver la realidad y me di cuenta de que en el exterior nada me haría feliz. Entendí que no tenía una gran pasión, aunque sabía que algo profundo había allí, no lo conocía y debía buscarlo; buscar lo que realmente quería hacer.

Cuando llegué al Aeropuerto Internacional de Suvarnabhumi, en Bangkok, noté que era inmenso. Estaba en Asia, el escenario cambiaba. La gente era muy amable y el calor sofocante. Al salir, se abalanzaron sobre mí como moscas, muchos hombres que buscaban ofrecerme servicio de taxi. Pocos hablaban inglés, así que me tuve que ayudar con el idioma de señas y gestos. Tomé uno que me llevó a mi destino. Durante los primeros días me dediqué a recorrer los lugares turísticos y no turísticos que me recomendaron. Dejé el miedo de lado y pronto me subía a buses, trenes o tuk tuk, medio de transporte común allá. Su cultura era muy diferente, comenzando porque la mayoría practicaba el budismo y en todos los templos había imágenes de Buda. Lugares impresionantes, muy bien conservados; aprendí que se destinaban muchos recursos para mantenerlos en excelente estado. Bangkok es una ciudad gigante. Mi hotel quedaba lejos del centro, lo suficiente para ver la pobreza de los suburbios, pero igual se podía ver a la gente sonriente todo el tiempo, sin importar su clase.

La mayor parte de la gente trabajaba mucho. Parecían bastante sumisos, o eso pensaba cuando reflexionaba por qué mis colegas tailandesas en Nueva Zelanda trabajaban catorce horas diarias de lunes a domingo. Después de recorrer Bangkok, viajé a Chiang Mai, una ciudad del norte montañoso de Tailandia, a ocho horas en bus. Me debía desplazar para comenzar el curso. Las clases se iniciaban con media hora de yoga que al ser en inglés hablado por tailandeses hacía que me costara más entenderles. Mi estrés por no comprender el lenguaje, sumado al inicio de algo nuevo, lo que siempre me ha costado, comenzó a brotar. Después de unos días me di cuenta de haber aprendido lo mismo que creía saber, pero más extenso, y me hice mil preguntas.

Estaba contenta conociendo gente de diferentes edades, viajábamos, descubríamos otras habilidades. Gente que practicaba yoga, comía saludable, muchos de ellos vegetarianos. Meditaban, no sabían cuál era su próximo destino; eran nómades como yo, no tenían miedo a salir de sus países a experimentar otras cosas. Hacía mucho tiempo no compartía con tantas personas parecidas a mí.

Al iniciar el curso tuve mi primera lección: pensaba que sabía todo lo referente a masajes tailandeses, pero no, aún había mucho que aprender, como ocurre con todas las cosas. El grupo de compañeros era bastante unido, salíamos a comer a ferias de comidas, algo muy característico de Tailandia, casi tanto como las ratas, que están por todos lados, incluidas las ferias. También veía esto como un nuevo reto y hacía tiempo me habían comenzado a gustar las nuevas metas y experiencias. Al conversar con una de mis compañeras, quien había estudiado en India, le mencioné que tenía muchas ganas de arrendar una moto, pero no sabía manejarlas. Ella, con muy buena disposición, fue a buscar la suya y me enseñó. Aprendí rápido, estaba muy contenta: otro logro más.

Estuve tres semanas ahí. Cuando comenzaba a acostumbrarme, sentí la necesidad de una pasión nueva. Quería algo que me gustara y ayudara tanto como para transmitírselo a los demás. Una cosa que me encantara al punto de dejar de verla como trabajo, para despertar y decir: "¡Amaneció! Y tengo muchas ganas de disfrutar de lo que hago, mucha felicidad de que este sea mi trabajo". Entonces me di cuenta de que me apegaba a las personas y el lugar (Chiang Mai), en circunstancias de haber ido a buscar algo más. Armé mis maletas y emprendí viaje de nuevo, esta vez sola, para que nada ni nadie hiciera ruido en mis decisiones y pasiones.

En medio del curso recibí una mala noticia, que me costó procesar y entender. Habíamos planeado con mi hijo, André, encontrarnos en Nueva Zelanda, pero aunque él trabajó duro, juntó dinero y logró comprar su pasaje, fue enviado de vuelta en la aduana. Estaba destruido y yo peor, pero debía contenerlo, aunque fuera a la distancia. En ese momento pensé que la vida continuaba, aunque tuviera obstáculos; si lo quieres intentar, ponle ganas, fuerza, coraje. Además, no era la primera vez que algo así nos pasaba; la segunda vez que ocurre un suceso de esos, suele doler menos y aceptarse más rápido, por la experiencia.

Después continué mi viaje para conocer otros templos en Chiang Rai, ciudad ubicada hacia el Norte de Tailandia, cerca de la frontera con Laos y Birmania, visité el Templo Blanco, el Triángulo de Oro, el Templo Azul, y por fin, al cabo de dos días, llegué al paraíso Ko Phangan, una isla situada al sur de Tailandia, al lado de Koh Samui.

La isla es un lugar muy especial, por lo mismo es común que los retiros espirituales y los centros de yoga sean populares. Como el mar me encanta, sobre todo si está rodeado de palmeras y paisajes verdes, arenas blancas, aguas color turquesa y diversidad de aves, decidí que era el lugar perfecto para comenzar con mi segundo propósito, que coincidió con mi cumpleaños cuarenta y cuatro. Un propósito que comenzaba con la ayuda de libros, audios, ayunos, meditaciones, cuadernos, caminatas, atardeceres azules, pájaros y monos. El silencio y la paz me ayudaron mucho. Con los días comencé a ver más claro mi propósito de vida: las visualizaciones y oraciones estaban produciendo efecto. Comencé a entender por qué no me habían dado la visa. Si me hubiese quedado, hubiera postergado todo esto. Tras estudiar por medio de los libros a Joe Dispenza, mi mentor, pero también escritor e investigador especializado en neurociencia, entendí qué había pasado durante la navidad anterior en Nueva Zelanda, la noche en que colapsé.

Visto de la perspectiva de la neurociencia, tuve una sobreproducción de hormonas del estrés, lo que generó emociones de ira, miedo y me llevó a sentir agresividad, en especial contra André. Frustración, ansiedad, sufrimiento, desesperanza, tristeza; emociones y sensaciones dolorosas que hacían que la mayor parte del tiempo me sintiera preocupada. Las hormonas que secretan el estrés nos obligan a centrarnos; nuestro cuerpo, entorno y tiempo se relacionan en este proceso. Me volví menos espiritual, menos consciente, menos atenta, menos lúcida. Pero lo que realmente soy y lo que fui a buscar en Tailandia era una consciencia conectada a un campo cuántico de inteligencia, pero todo lo que hice en Nueva Zelanda fue tratar de sobrevivir, ese había sido mi error. Al entender esto desde una nueva mirada, todo me comenzaba a parecer más claro. Las tardes en esa Isla eran tan reveladoras y mágicas que parecía que al conectarme conmigo hasta me veía diferente. Los atardeceres azulados me dejaban sin habla…

Como acostumbraba, quise salir a recorrer lugares, pero estaban tan lejos uno de otro que me atreví y arendé una motocicleta. Fui a muchas playas y para regresar tenía que pasar por un sector donde los monos salían de entremedio de los árboles; eran muchísimos y se colgaban en los cables de la luz o se atravesaban en las calles. Recuerdo que cada vez veía más, eran cientos, no me podía detener porque podían atacarme y no deseaba que alguno me mordiera.

En otra de mis aventuras fui muy lejos. La playa se llamaba Bottle Beach y a pesar de ser casi inaccesible por tierra, era una de las playas más famosas de Koh Phangan. Para llegar había dos opciones: hacerlo cruzando en bote o con un trekking de tres horas más o menos. Yo tardé cuatro y media porque me perdí. Era un lugar realmente impresionante, la única guía eran botellas de plástico que habían colocado como señaléticas, pero como era una jungla, los caminos de botellas eran varios.

Fui sola pensando en encontrar a otros turistas como yo, dispuestos a aventurarse para llegar a la alucinante playa, pero nadie más estaba ahí, intentando subir unos cerros llenos de espesa jungla para adentrarse en ella. Nadie que escuchara el ruido de los pasos, la respiración y los sonidos del bosque, que pasados un tiempo me parecían cada vez más intimidantes. Cuando me perdí, solo pensaba que si llegaba la noche y nadie más subía hasta donde estaba, estaría en graves problemas, pero hablé con el bosque, le pedí que por favor me enseñara el camino de regreso porque estaba dando vueltas hacía mucho. Sentí miedo porque el tiempo pasaba y no lograba encontrar el camino de vuelta, la mente me juagaba en contra y comenzaba a desesperarme, si oscurecía y seguía ahí, el panorama sería bastante cercano al de una película de terror. Comencé a correr, pero escuchaba muchos ruidos. Hasta que miré al cielo y vi, entre los árboles, cómo me acechaban los monos. ¡Eran muchos! Mi corazón palpitaba muy fuerte, cansada me senté en medio de esa exuberante vegetación y oré al espíritu del bosque, me concentré y medité hasta que encontré por dónde continuar. Al llegar pensé que era el paraíso. Una playa impresionante, hermosa, que se encontraba en las afueras de la jungla. En la orilla había un señor que trasladaba a la gente en bote. Mi apariencia en ese momento era de náufraga, el hombre me preguntó si me encontraba bien y le respondí que sí.

—¿Cruzaste sola? —preguntó.

Dije que sí y se agarró la cabeza como diciendo: "¡Qué locura!".

Caminé por la orilla del mar. Mientras disfrutaba del paisaje, decidí que era momento de lanzarme al agua. Al nadar un poco vi que muchos peces saltaban desde el fondo del mar, venían hasta la orilla, me rodeaban y regresaban. Eran plateados. El encuentro entre lo humano y lo animal es maravilloso. Me imaginaba que al estirar los brazos y abrir mis manos podría tocarlos, pero a la velocidad que nadaban era imposible.

La playa estaba un poco retirada, iba poca gente, lo que la hacía mejor aún. Al atardecer regresé al hotel, en el camino me crucé con una serpiente gigante, lo que me llevó a pensar en la suerte que tenía de no haberla encontrado en medio de la jungla. Tomé un bote para regresar, pude darme cuenta de todo lo que había andado para llegar a ese paradisíaco lugar. Pero no me arrepiento, era parte de la aventura.

Pasé un tiempo en esa Isla. En medio de mis estudios espirituales, similares a un entrenamiento, aunque de mente, cuerpo y alma. Lo hacía en el día desde la piscina y de tarde desde la playa sentada viendo mis infaltables puestas de sol color azul; muchas veces me fusioné con la naturaleza para sentir la inmensidad de Dios, en especial cuando veía las lucecitas típicas en el agua del mar; tan hipnotizantes que te hacen entrar en un trance, como si sintieras la conexión con el cosmos, como si vieras la vida en su máximo esplendor.

Retomé la metafísica: los siete principios o leyes universales; la ley del mentalismo (todo es mente), incluido el universo, la de correspondencia (como es arriba, es abajo), la de vibración, la de polaridad, la de ritmo, la de causa y efecto y la de género.

Puse en observación mis pensamientos, me propuse como meta investigar a fondo la mente. Si la falta de conocimientos me había llevado a Nueva Zelanda a vivir esa experiencia, tendría que educar mi mente para llegar al propósito de mi vida, que aún no sabía cuál era.

Nepal

Un día, sentí la necesidad de hacer un retiro espiritual dirigido; estaba sedienta de una experiencia así en otro país. En Chile había participado de algunos y también en Nueva Zelanda. Uno de mis sueños era conocer el Monte Everest y como Tailandia estaba cerca, podría aprovechar estar por esos lados.

Cierta noche desperté de amanecida, como si algo me estuviera guiando a buscar, eran las tres de la mañana; encontré un retiro espiritual en el lugar en que siempre creí haber tenido una vida antes, el monasterio budista Kopan. Preparé mis maletas, mis mejores amigas a esas alturas de la vida, y partí rumbo a Nepal. El aeropuerto era muy pequeño y de estar acostumbrada a ver a gente asiática, me acostumbré a ver a gente de piel más oscura, muy parecidos a los de la India, pero son nepalíes y como a cualquiera, no les gusta ser confundidos por otras comunidades. Por eso al preguntarles si son de India se ofenden, son una región independiente hace tiempo.

Nepal está ubicado entre la India y el Tíbet, es muy famoso por sus templos y montes del Himalaya, entre los cuales se encuentra el Everest y Katmandú, su capital. Tiene un laberinto, barrios muy antiguos y una moneda llamada rupia. Por lo que vi, son gente tranquila, muy sumisa y religiosa; la comida vegetariana es deliciosa, aunque con mucho condimento. La ciudad en sí es una verdadera locura: buses, motos, calles sin pavimentar, peatones y una que otra vaca que a veces se atraviesa por el camino; todos cruzan al mismo tiempo y por todos lados, aunque nadie choca. No hay semáforos, pero puedes sobrevivir sin que te atropellen, a pesar de que para eso debes andar alerta, porque no se sabe cuándo cruzar y las bocinas suelen sonar siempre.

Pese a toda la locura, algo mágico tiene el lugar. La arquitectura está vieja y notoriamente destruida tras el terremoto del 2015, del cual Katmandú nunca se logró levantar. Hay muchos patrimonios de la humanidad y la recorre gente vestida con colores y turbantes variados, todo en un clima con un olor a incienso que junto a la mirada de ojos negros y profundos de las personas, hace que te transportes a otro planeta.

Los templos hinduistas y budistas invitan a recorrerlos. Entré en uno porque la música me llamó como hipnotizada; adentro había un grupo musical tocando en vivo mientras una mujer bailaba mágica, con las caderas más sueltas que he visto. Sus movimientos le hacían honor a su larga falda de colores y a las pulseras en sus brazos, que se movían tan coordinadamente, uno primero, luego el otro; fantaseé que era yo quien danzaba. Salí embrujada con imágenes, fue como trasladarse a otra época. El mercado de Thamel es lo más increíble para visitar, no necesitan construir grandes malls, sus pequeñas tiendas con millones de cosas, desde cuencos, gongs, especias a comida, ropa, cuadros de mandalas, telas, joyas místicas y no místicas, son suficiente para sentirte embrujada con todo ese entorno. Ese fue mi lugar para dormir también, desde hacía tiempo compartía estadía con backpackers (mochileros), una real experiencia. Hoy, para mí, todo lo que me pasó allí fue un gran aprendizaje: aprendí a tolerar, respetar espacios y costumbres diferentes.

Y si necesitaba un poco de privacidad, solo debía cambiarme de pieza a dormir sola.

A los días de conocer Katmandú, decidí ir en búsqueda de un trekking en Pokhara, ciudad a orillas del lago Phewa, conocida por ser la puerta de entrada al circuito de Annapurna, una popular ruta desde la cual puedes ver el Himalaya. No tenía mucho tiempo porque mi retiro espiritual era lo central de la aventura, así que me dirigí al terminal de buses. Tenía dos opciones: tomar el bus que casi todos los turistas cogen o introducirme por completo en la cultura del lugar y tomar el bus rural, conocido por ser una locura porque va repleto, sin aire acondicionado, y en caso de no quedar más asientos, la gente va de pie en un viaje que dura alrededor de seis horas. Si hay mucho tráfico, puede llegar hasta las ocho o nueve horas, a través de un camino muy angosto, con muchas curvas y con solo dos paradas para ir al baño (si se le puede llamar baño, pues muchos de ellos son en el suelo, en un hoyo con bloques de azulejos, lo cual vuelve difícil agacharse al no tener de dónde sujetarse y así no ensuciar los pantalones; lo más incómodo que he vivido).

Son estas las cosas que remueven mi conciencia, este tipo de extrañas situaciones. La gran pobreza, aunque no muy lejana de la que tienen algunos países de Sudamérica como Perú, Bolivia, las favelas de Brasil; la gente tan amistosa, siempre queriendo saber de dónde eres. Durante un tiempo, muchos pensaban que yo era de Nepal, pues había tomado mucho sol y mi piel había adquirido un color parecido a la de ellos. Pero la forma de vivir de estas personas es muy diferente y eso me delataba: a veces me gustaba y otras lo odiaba.

Las bocinas las tocan en todo momento; los caminos de tierra son tan angostos que te hacen pensar que vas a caer al precipicio. El polvo que está dentro del bus es tal que no sabes dónde esconder la nariz: la osadía del conductor, quien adelanta lo que se le cruza por el camino, hace que una vaya con los nervios de punta. El paisaje es brutalmente bello; obviando todo lo anterior y la cantidad de basura que hay por casi todos lados, es un lugar único.

En el camino no me cansaba de agradecer, a pesar de que era una verdadera locura: tener la oportunidad de estar en un lugar tan distinto, con gente tan curiosa, en ocasiones con tan poca educación o casi nada, con hombres que suelen escupir al suelo cuanta cosa se le cruce en la garganta. Pero todo depende de la perspectiva con que se mire y desde la mía quería agradecer.

Si no te atreves a salir al mundo, a vivir, observar y ver lo que es bello y lo que no, ¿cómo lo sabrás? Muchas veces no agradecemos el lugar en que vivimos porque no tenemos idea lo que hay alrededor del mundo, pero en este bus, con esta gente, en este camino montañoso adornado por ese cielo, fue que mi corazón lo hizo: dio "gracias a la vida que me ha dado tanto", como dice la canción de Violeta Parra.

Cuando estábamos por llegar, aún quedaba sol. Pude divisar parte del Himalaya, no podía creer que estaba ahí y sin darme cuenta oscureció. El chofer se detuvo y dijo que esa era la última parada. Pensé que iríamos a un terminal de buses, pero nos dejó en la calle, donde muchos otros buses paraban hasta dejar al último pasajero. No alcancé a poner un pie en el suelo cuando miles de taxistas se abalanzaron hacia mí para ofrecer llevarme a destino. No alcanzas a pensar nada cuando estás arriba de un taxi, tratando de negociar todo, porque si no estás atenta te cobran lo que quieren.

El tipo me dejó en un lugar muy oscuro y dijo que debía continuar caminando porque el taxi no podía llegar hasta mi hostal, pues las calles le dificultaban el ingreso. Llegué a un sitio muy bonito, hecho de bambú. Mi pieza era muy cómoda, y después de dormir con tanta gente durante mucho tiempo, me gustó disfrutar del silencio.

Recorrí el hermoso pueblo, lleno de montañas y con un lago increíble, el cual crucé en bote. Allí, en una especie de isla pequeña, había un templo. Ese día justo había una celebración hinduista; gente con sus vestimentas de colores e inciensos llevaban ofrendas a una imagen de un dios del templo. Estaban los Sadhus, unos monjes hindúes que siguen el camino místico cortando los lazos familiares. No tienen posesiones y reducen sus necesidades al mínimo para concentrarse en alcanzar una realidad más elevada; dependen de la caridad de la gente, así que para obtener una foto con ellos tuve que darles algunas rupias y me pintaron la frente. También había un hombre pequeño con deformidades al que solo por mirarlo había que dar una limosna. Era tanta gente que salí mareada, una tremenda celebración religiosa.

Pokhara es diferente, dan ganas de vivir ahí. No es tan caótico, muy turístico y las tiendas son increíbles. Visité un pequeño pueblo donde vivía gente tibetana a las afueras de un monasterio. Para llegar allí, me arriesgué y arrendé una moto; fue una tremenda aventura, pues como ya dije, las calles son ochenta por ciento tierra y están llenas de hoyos, con casi ningún semáforo. Comencé a sentirme arrepentida a la media hora de viaje. En el pueblito de los tibetanos, la mayor parte de la gente vivía de la artesanía. Los cánticos de mantras tibetanos de los monjes del monasterio hacían que entraras en un mundo místico. Antes de comenzar con los mantras, tocan el Gong, un instrumento de percusión musical clásico, compuesto por un gran disco metálico con los bordes curvados, que genera un sonido tan fuerte para hacer vibrar el cuerpo, es muy potente. Ese es un rito que repiten por dos horas continuas.

Salí mareada de tanta energía y vibración, con la sensación de que en alguna otra vida había estado ahí, todo me parecía familiar. Después de eso fui en la moto a uno de los miradores más bellos, aunque quedaba en un lugar retirado de la ciudad, pero en el cual si tienes suerte y el clima te acompaña, puedes recibir la salida del sol al amanecer y verlo a través de las inmensas cordilleras del Annapurna. Corrí veloz, apresurada, sin saber hacia dónde era el mirador. Tenía mucho miedo de que me pillara la noche y me quedara sin un lugar para dormir, en especial porque estaba subiendo una montaña para esperar el famoso amanecer de Sarangkot, entre bosques y montañas. Iba a toda prisa, hasta que me detuve en la última parada en que se veía gente y le pregunté a un joven que iba con un abuelo en el asiento de atrás si sabía de un sitio en el cual poder pasar la noche. Tenían un hostal familiar, sentí mucho alivio, luego venía un camino muy rural. Me dijo que lo siguiera, pero como no era una experta en conducir motos, mucho menos en esos caminos, me caí tratando de esquivar un bache en la ruta. Algunas personas se detuvieron a preguntar si estaba bien, con mis piernas temblorosas dije que sí, pero tenía que continuar la aventura, no había otra opción que pararme y seguir. Por fin llegamos a un lugar en que comenzaba a atardecer, era cierto, se trataba de uno de los miradores más hermosos que había visto.

Mi pieza estaba en un lugar estratégico. Pronto llegó la noche y el silencio se dejó sentir en la habitación. Estaba en medio de la montaña, viendo a través de la ventana la oscuridad, iluminada tan solo por el reflejo de las miles de luces de las casas, que eran como estrellas. ¡Cuánta paz sentí en ese momento! Pensé en lo afortunada que era y recordé a mi hijo, con quien aún conversaba a diario; deseé muchísimo estar con él y poder compartir la experiencia, pero ese viaje había sido la oportunidad para ir al encuentro con mi propósito, tenía que hacerlo sola.

En la mañana puse mi despertador a las cinco, tenía que caminar a un cerro que quedaba un par de kilómetros más arriba, al que tenías que subir por unas escaleras para llegar al tope más alto. Muchos turistas esperaban el mágico momento en que el padre sol hiciera su espectáculo y apareciera a través de las montañas del Himalaya. Cuando llegó el momento, mi corazón latía fuerte y mi conexión con el padre sol, el universo y la montaña estaba en éxtasis. Era un momento inmaculado, sentí que era una sola energía con todo a mi alrededor. Los diferentes colores por los que pasaban el cielo y las montañas son un momento imborrable de mi memoria, quedaron grabados en ella para el resto de mi vida. Cuando finalizó, la multitud comenzó a disiparse y yo regresé al hostal para tomar desayuno mientras miraba las montañas. Tenía que agradecer todo: el viaje, mi propia compañía (que sin duda es una de las mejores), a la madre tierra y, por supuesto, al universo. Con el corazón llenito de felicidad regresé a Pokhara, los siguientes días recorrí los puntos más conocidos, dentro de los que no podía faltar un trekking corto, de tres o cuatro horas, en que traté de no alejarme demasiado, guiada por el lago. En ese paseo me encontré en varias ocasiones con casas en las que jamás te imaginarías que vive gente así, parecen personajes sacados de algún pasaje de la biblia; hombres vestidos con túnicas blancas y turbantes, y mujeres con vestidos largos e Hiyab. Se podía percibir que se trataba de construcciones de adobe, blancas. Al asomar mi cabeza por la ventana noté que hablaban en nepalí y que no habían notado mi presencia. De pronto, un hombre con turbante me miró y yo lo saludé, pero me vio como si hubiese visto a un bicho raro; creo que ningún visitante se detenía en aquel lugar. Le pregunté cómo llegar mostrándole el mapa, pero la señal a esa altura no llegaba. Me explicó con un inglés bastante enredado hacia dónde era y terminó por contestarme en nepalí y señalar con movimientos de manos por donde continuar.

Seguí encontrando sorpresas en el lugar, hasta que me percaté de que en el patio de su casa tenían guardada una vaca como si fuera mascota. También logré ver insectos increíbles, disfruté el silencio todo el tiempo, el sonido de alguna cascada y la enorme variedad de pájaros con colores inimaginables. Hasta que me cansé y decidí regresar a la civilización en busca de algo que comer y la infaltable cerveza para pasar el calor.

Hasta que llegó el día de regresar, recorrer un poco más Katmandú y prepararme para el comienzo de mi esperado retiro espiritual en el monasterio budista. Lo que más amo de mis viajes es que salgo sola, sin tomar agencias turísticas e investigo todo acerca del lugar que quiero conocer; con la ayuda de google maps y preguntas a la gente soy capaz de ir a cualquier lado. A veces me pierdo, pero siempre voy donde quiero.

En otro caso, visité el templo Swayambhunath, patrimonio de la humanidad de la Unesco, también conocido como "el templo de los monos". Un amable joven salió a mi encuentro, trabajaba ahí, pasado diez minutos me contó todo acerca del templo; me habló del budismo, una doctrina filosófica no teísta perteneciente a la familia dhármica, atribuible a Buda Gautama. El budismo se originó en la India antes de Cristo y se extendió a gran parte del este de Asia. Las dos ramas principales son el Theravada (escuela de los Ancianos) y el Mahāyāna (el gran camino), las diferentes ramas del budismo difieren acerca de la exacta naturaleza del camino a la liberación; la importancia de la enseñanza es el autoconocimiento. Sus prácticas incluyen el refugio espiritual, la Samatha, Vipassana, Bodhicitta y las prácticas de Vajrayāna. El Budismo insta a observar los principios morales y renunciar a lo material; practica la meditación, el cultivo de la sabiduría, la bondad y la compasión. En Theravada el objetivo final es lograr la cesación de las Kleshas (estados destructivos mentales que incluyen la ignorancia, la adhesión a lo material y la aversión) para lograr el estado de Nirvana, el máximo estado, mediante la práctica de las ocho nobles verdades conocidas como el camino medio, todo esto, para liberarse del ciclo de sufrimiento y renacimiento Theravada. Esta es una práctica común en Sri Lanka y el Sudeste de Asia.

La Mahāyāna incluye las tradiciones de Tierra Pura Zen, Escuela Budista del Tiantai, algo que se sigue en todo el Este de Asia. Las enseñanzas de Mahāyāna se dirigen a lograr estado de Buda a través del camino de Bodhisatva, un estado en el que se permanece en un ciclo de renacimiento para ayudar a otros a despertar su camino budista.

La Vajrayāna cubre enseñanzas atribuidas a los indios Siddha y podría considerarse como la tercera rama del budismo o parte de Mahāyāna. El budismo del Tíbet conserva las enseñanzas de la India y se practica también en las regiones cercanas al Himalaya que aspiran al estado del Buda.

Derivado del movimiento Sramana, el budismo fue fundado en la India en el siglo VI a. C., por Buda Gautama, ha evolucionado hasta adquirir una gran diversidad en escuelas y prácticas actuales. Cabe destacar que Siddharta Gautama (Buda) fue el primer iluminado, no es un dios, sino una persona común y corriente, quien gracias a sus conocimientos, fe y práctica de meditación, consiguió librarse de todo sufrimiento y alcanzar la paz interior: el nirvana. Esta palabra del sánscrito se refiere a la ausencia de toda perturbación. En el budismo no se entiende la ausencia del deseo como castidad, sino como liberación. Los deseos son satisfacciones que no permanecen y solo sirven para calmar la ansiedad. Los deseos satisfacen el cuerpo momentáneamente, la verdadera felicidad se consigue con la iluminación; el hecho de sentirse libre, sentirse uno mismo, como cuando fuiste solo un niño. Eso me explicó este joven, entonces me acordé que así es como me sentía cada vez que iba a alguna de esas muy recónditas playas que tanto me gustan, y apago el celular para existir a solas. En esos momentos, mi respiración se vuelve profunda y extiendo la sensación de respirar en toda mi existencia, lo que hace que me sienta en un estado trascendental, en el que dejo de sentirme sola para ser parte del cosmos como la naturaleza o el mismo universo, sin limitaciones. Pero luego regreso a la realidad, a lo cotidiano, y ese estado me abandona.

Al día siguiente me dirigí a Pashupatinath, uno de los más importantes templos hinduistas de Shiva, el cual se encuentra a orillas del río Bagmati, en la zona Este de la ciudad de Katmandú, también patrimonio de la Humanidad de la Unesco. El lugar, creado en honor al dios Pasupathi (señor de las Bestias), se remonta al año 1400. La Pagoda aloja el sagrado Shiva Lingam (falo de shiva). En él, los Hindúes creman a sus muertos.

Entré al lugar por uno de los caminos que no eran principales, lo primero que vi fue un río de agua sucia y a algunas mujeres que lavaban ropa a sus orillas. Me pareció un notable momento para detenerme a mirar, parecía una más de las escenas de películas hindúes que había visto. Estaban con sus vestidos de colores a la orilla del río rodeado de pasto, las saludé y continué mi camino. Poco más arriba, los monos se cruzaban como si fueran personas libres, peatones de todos tamaños, seguí adelante y divisé el templo, una estructura gigante y de forma cuadrada. A su lado hay graderías en que los turistas acostumbran a sentarse para ver cómo los hindúes realizan ceremonias para despedir a sus muertos. Yo, por error, quedé del otro lado y me colé en medio de una familia que estaba despidiendo a su abuelo difunto. Me puse en medio de ellos y nadie se percató, algunos hasta me hablaban en su idioma. Entonces vi la ceremonia completa, desde que lo ponen en una tabla de madera con manillas a la orilla del río, hasta que le pintan la frente, lo rodean con flores y sábanas mientras cuatro hombres realizan una ceremonia. Al cabo de un rato, preparan el fuego con maderas y otras cosas para cremar al difunto y en ese momento sale un olor fuertísimo, hasta que las llamas consumen todo el cuerpo y lo que lo rodea, luego lo arrojan al río. Impresionante para mí, todo eso era una manera muy diferente de ver el entierro de un ser querido, que en este caso es una cremación en vivo y en directo.

Salí con un fuerte dolor de cabeza y crucé hasta el otro lado donde había muchos pasadizos, una especie de laberinto. Al entrar, pude ver que en ese otro sector vivían muchos Sadhus en condiciones de real pobreza, pero esta es la forma de vida que ellos escogen: en el suelo, algunos con colchonetas, otros sin nada; duermen y comen ahí mismo, meditan muchas veces al día y como me contó uno de ellos, cada madrugada se pintan la cara con tres rayas de ceniza que representan los tres aspectos de Shiva en su búsqueda asceta para destruir las tres impurezas: egoísmo, acción con deseo y maya. Hay muchas clases de Sadhus, los Nagas son los más prominentes, pues se mantienen desnudos, cubiertos solamente con vibhuti o cenizas sagradas. Se dejan crecer el pelo en bucles llamados jata; son seres realmente curiosos, muy respetados. Esa tarde terminé muy cansada, regresé a mi hostal con una extraña sensación al pensar en la muerte, en los Sadhus, en mí, en la vida en general.

A la mañana siguiente preparé todas mis cosas y a medio día pasaron por mí para llevarme al retiro espiritual en el Templo Kopan, que estaba en la cima de una colina. Me tocó lluvia, pero cuando llegué, para mi sorpresa, mucha gente iba llegando. No imaginé que serían tantas personas, éramos alrededor de ciento veinte. Desde hacía tiempo los templos me parecían muy familiares, estoy segura de que tuve una vida en alguno. En ese en particular, estudiaban desde pequeños para ser monjes; los jardines te inspiraban mucha paz y las estatuas de Buda estaban por todos lados. En una de las vistas podías ver toda la ciudad. Cuando es tu turno para ingresar, te quitan el teléfono.

Recuerdo que escuché hablar a un par de latinos, lo cual me causó bastante alegría. Una persona me indicó el camino a mi cuarto, compartido con muchas mujeres. Las reglas eran: no mentir, no robar, no drogarse, no tomar alcohol ni tener sexo. Eso significaba que el sector de los hombres estaba al otro lado del templo, separados. Los baños eran en el piso y las duchas con agua fría, todo muy austero y sin ningún lujo. La dieta era vegetariana; nos juntamos para comenzar en el salón principal del templo, en el que se dictaban los cursos. Al entrar, los zapatos debían quedar fuera del templo, pues teníamos que acomodarnos en cojines zafu y sentarnos en posición de yoga, con las piernas cruzadas. Nuestra profesora era una monja budista que estaba sentada al final de la sala con la cabeza rapada, quien vestía la clásica túnica naranja con burdeo como representación del budismo.

Todo inició con el sonido de un cuenco, después ella se presentó: era de Australia, pero daba clases en diferentes templos budistas del mundo. Nos contó un poco de su historia, había llegado por un retiro espiritual como muchos de nosotros, estaba casada, pero sintió el llamado y dejó todo para convertirse en monja. Luego nos leyó las reglas, comenzaríamos nuestras clases a las seis y media de la mañana, con el toque de una campana. Meditación, desayuno, clases, meditación, reposo, clases, meditación y cena. Al finalizar esta última, se daba inicio al silencio de la noche, que empezaba después del almuerzo.

Así fueron pasando los días, en las horas de comida me arrimé a los latinos, la mayoría de ellos colombianos, pero en los ejercicios grupales me tocaba hablar con todos, ahí éramos provenientes de muchos países. Los temas a tratar eran más que nada referidos al karma y a la mente, a las conductas negativas y el dharma. Cada meditación duraba entre cuarenta y cinco minutos a una hora. En los momentos de discusión grupal, podía relacionarme con mis compañeros, el silencio se acababa cuando compartíamos nuestras experiencias.

En los momentos de meditación, algunas veces conectaba de manera increíble y otras, la mente era mi peor enemiga. Poco a poco comencé a entender mi regreso a Chile. El Budismo era una maravillosa filosofía de vida. Pude comprender por qué tuve que irme de Nueva Zelanda, además de entender que muchas religiones hablan de lo mismo, pero con otros nombres. Entonces nació en mí una profunda curiosidad por estudiar la mente. ¿Qué pasa con ella? Quise entender cómo funciona desde un punto de vista científico y espiritual. Hasta ahora, mi conclusión es que somos responsables de lo que nos pasa.

La monja me dijo en una de nuestras conversaciones que lo que había vivido fue fruto de la ley de causa y efecto. Claro, pude no haberme desesperado y tomar otro camino, pero le pregunté qué podía hacer.

—Medita —me dijo ella—, debes purificar tu mente y practicar el dharma.

Veía todo tan claro después de eso, tanto así, que me costó aceptar en un comienzo que yo era responsable de lo que me había ocurrido. Siempre había buscado culpables, pero creo que tenía que vivir todo esto. Cuando uní la información obtenida en el templo junto a la neurociencia, la cual dice que algunas regiones del cerebro no cambian, mientras que otras tienen mayor plasticidad (son susceptibles a los cambios por medio del aprendizaje y las experiencias). En nuestra genética hay partes que cambian con más facilidad que otras. Si vivimos en el mismo estado tóxico de ira, depresión, ansiedad o baja autoestima, las señales químicas producidas por los pensamientos, de acuerdo a lo que sientes, el cerebro controlará cómo se siente el cuerpo, de modo que los pensamientos están relacionados con la mente (el cerebro) y las emociones del cuerpo. Cuando estas últimas coinciden con los pensamientos de un estado mental en concreto, mente y cuerpo actúan como unidad y al actuar juntos se crea un estado mental-emocional, un modo de pensar o sentir que se ha convertido en parte de nuestra identidad.

Los psicólogos afirman que a los treintaicinco años nuestra identidad o personalidad está completamente formada, lo que significa que los que han superado esa edad, han memorizado una serie de actitudes, creencias, hábitos,

reacciones emocionales, habilidades que llevaban progra-
madas sin darse cuenta. Esto quiere decir que seguiremos
pensando, sintiendo y reaccionando de la misma manera de
siempre, como por ejemplo, al reaccionar de modo exage-
rado cuando nos estresamos o estamos preocupados por el
futuro; si juzgamos a nuestros amigos o nos quejamos de la
vida; cuando culpamos a nuestros padres, no creemos en
nosotros, pero insistimos en la infelicidad. Lo bueno es que
esto tiene una solución: a través del pensamiento consciente, observando nuestros pensamientos, sentimientos, en
el momento presente, con la meditación.

Todo esto había sido parte de lo que comencé a investigar y experimentar en mí misma, hasta que empecé a ver
resultados favorables en mi vida.

El último día del retiro fue muy emotivo. Tuvimos una
meditación guiada con nuestra guía, la monja, en la que se
quebró. Todos llorábamos de emoción, en medio de la práctica cantamos unos mantras hermosos, me sentí muy cerca
del Padre Dios, conecté con la energía de Buda; fueron momentos y sensaciones muy difíciles de explicar, mágicos,
inolvidables. Al estar desconectados de todo, sin teléfono,
te conectas con otras cosas, como las partes de tu ser. La
unión con los otros es una experiencia cercana y amorosa,
tanto así, que pareciera que te vuelves otra persona por un
momento. Yo llegué de una manera y salí de otra.

A mediodía pasaron por nosotros y nos fuimos despidiendo con grandes abrazos de amor y alegría, muchos quedamos de encontrarnos a cenar en algún lugar de Thamel
para despedirnos. Al llegar de nuevo a la ciudad, prendí mi
teléfono para comunicarme con mi familia y me sorprendí:

tenía muchas llamadas perdidas y mensajes de familiares y amigos comunicándome que Chile estaba con toque de queda; los militares y carabineros habían salido a las calles controlando a los manifestantes que comenzaron a reclamar en contra de las diferencias sociales y abusos por parte del gobierno. El panorama era alarmante, comenzaba una revuelta social cargada de mucha agresividad; el pueblo exigía igualdad, lo que me hizo recordar algo ocurrido hacía más de cuarenta años atrás, la dictadura cívica militar de Augusto Pinochet, en la que miles de personas fueron asesinadas o desaparecidas, muchas familias perdieron a más de un integrante, un período de profundo dolor y preguntas que quedaron en ese tiempo y ahora se empezaban a repetir. Esta vez era la juventud la que con valentía exigía cambios; no querían escuchar más promesas, no querían callar. Chile de nuevo era el ojo del huracán para el mundo. Yo venía saliendo del retiro que me estaba cambiando la vida, pero decidí colaborar con la meditación, uniéndome a grupos a distancia que trabajaban por la paz.

Comenzaban tiempos difíciles y la energía debía mantenerse alta, la gente estaba muy violenta, estresada, asustada y exigiendo ser escuchada. Nadie sabía en qué terminaría todo, pero de algún modo, las crisis son un llamado de atención hacia algo y, quizás, necesitábamos un cambio a gritos.

Esa misma noche, al encontrarnos con la mayor parte de los compañeros, vivimos una situación muy peculiar: éramos muchos y cuando nos sentamos alguien murmuró que pidiéramos lo que quisiéramos, que alguien pagaría la cuenta a cambio de que realizáramos una buena acción antes de dejar Katmandú. Eso era una oportunidad, pues son sucesos cargados de mucha alegría, como la generosidad que abre los corazones y hace pagar la comida y abrir el bar para todos, algo que no ocurre con mucha frecuencia. Terminamos la noche bailando con el corazón repleto de amor al prójimo. En un par de días dejaría Nepal rumbo a Nueva Zelanda para intentar ingresar como turista después de que me negaran la última visa de trabajo; aunque sin mucha ilusión, quería intentarlo una vez más.

Nueva Zelanda

Dejar Chile por primera vez

Tras la partida desde Chile a Nueva Zelanda, mientras miraba por la ventana del avión, las lágrimas de nostalgia corrían por mis mejillas; mi familia y amigos se despidieron en el aeropuerto deseándonos lo mejor. Se cerraba un gran capítulo de la historia amorosa con el padre de mi hijo, que no había terminado bien.

Muchos meses antes de partir, él no veía a André y nuestro diálogo era inexistente. Si bien es cierto que después de una relación tan viciosa como la que tuvimos me marchaba con una gran herida, por no poner punto final en el momento adecuado, de eso habían pasado diecisiete años. También había decidido dejar la zona de confort; me aventuré junto a mi hijo de catorce años a vivir en un país en que no tenía amigos ni familia, fui como turista a buscar una oportunidad, pensando en el futuro de mi hijo y en el beneficio de aprender otro idioma. Conocer una cultura diferente en un país del primer mundo, rodeado de mar y naturaleza por todos lados. En resumidas cuentas, iba en búsqueda de una vida mejor para los dos.

Cuando estábamos cruzando la puerta de inmigración, fue inevitable mirar atrás y verlos a todos levantar el brazo para decir el último adiós; después de todo, no sabía en cuánto tiempo los volvería a ver. Me fui con un nudo en la garganta y muchas lágrimas.

Cuando estás sentado en un avión, las emociones son un vaivén: entre la pena de dejar atrás una vida y miles de interrogantes, partes a un mundo desconocido, para luego, tras un largo tiempo de vivencias, darte cuenta de que solo tú puedes tomar las decisiones; para bien o para mal, siempre debemos decidir en este juego llamado vida.

Al poner los pies en el aeropuerto de Nueva Zelanda, comencé a dimensionar recién el paso que había dado, no entendía nada ni a nadie, todo estaba en inglés; comenzó mi estrés.

Llegué en Marzo de 2015, mi hijo estaba por cumplir quince años y yo, llena de ilusión y expectativas. Desde que bajé del avión comenzó mi estrés. "We came here for holidays!", era lo único que repetía. El viejo oficial de inmigración se aburrió de hacer preguntas y nos dejó pasar, nadie nos esperaba; sin teléfono y con tan solo la dirección del lugar que había arrendado desde Chile, se nos hizo imposible llegar, pues el idioma nos limitaba mucho.

Estuvimos cuatro horas en el aeropuerto, sin lograr salir porque no me atrevía a tomar un taxi. Además, si preguntaba por la dirección que llevaba escrita, no entendía las indicaciones. Decidí tomar el autobús que llegaba al centro de Auckland, nos bajamos y caminamos sin rumbo, hasta que encontramos a los backpackers. Escuché hablar a la recepcionista en español, nunca pensé estar tan contenta con algo así, escuchar mi propio idioma. Aproveché la oportunidad y le pedí orientación; nos quedamos ahí esa noche, para al día siguiente llegar al lugar que había bukeado.

El cambio de horario fue agotador, salimos a recorrer un poco y pronto estaba muy animada de nuevo. Tomamos el bus para llegar a nuestro alojamiento; fue sorprendente la reacción del chofer, yo llevaba la dirección escrita en un papel, se la pasé y noté lo que comenzó a enamorarme de Nueva Zelanda: el hombre no dudó en poner la dirección en Google maps desde su teléfono. Cuando llegamos a la calle en que debíamos descender, detuvo el autobús y les explicó a los pasajeros la situación, se bajó y me mostró hasta dónde tenía que caminar. No podía creer la amabilidad del chofer e inevitablemente, reí al comparar la situación: si estuviera en Chile y le pidiera eso a un conductor y sus pasajeros, no ocurriría esto. Al llegar a la casa nos recibió una señora proveniente de Filipinas, su acento era un dolor de cabeza, para comunicarnos usábamos el traductor y señas.

Pronto salí en busca de alguna entidad que nos pudiera ayudar, llegué a un lugar para gente latina donde me orientaron sobre el proceso para obtener una visa, también me arrendaron una pieza en que nos quedamos durante la primera etapa. Nueva Zelanda es un país del primer mundo, de lo que te puedes dar cuenta muy rápido, dado que las ciudades son ordenadas, limpias y no hay perros callejeros. Nadie toca la bocina, a menos que sea grave. Aprendimos de sus hábitos y costumbres: como conducir a 50 km en la ciudad, cruzar en las esquinas correspondientes esperando luz verde o regresar el carro de supermercado a su sitio. Vimos cómo los trámites, sin importar su índole, siempre eran efectivos y rápidos; no hay burocracia, en los bancos, todos son atendidos de la misma manera y nadie mira tu apariencia. Puedes ir al supermercado en pijamas sin que la gente se escandalice; muchos andan a pie pelado, todo es reciclable, lo que no usas lo sacas fuera de casa para que otro lo reutilice. No existen los vendedores ambulantes, todas las calles están pavimentadas; los impuestos son carísimos, pero los ves invertidos en educación de calidad y gratuita. Podría dar muchos ejemplos más, pero esto fue lo que me enamoró: sus playas solitarias, la naturaleza exuberante, el cielo azul y sin esmog...

El país me encantaba, pero sabía lo difícil que se estaba tornando seguir allí. Una opción para quedarme era estudiar inglés y así poder obtener una visa de estudiante que me permitiera trabajar veinte horas para, tal vez, conseguir una oferta laboral, pero André con esta opción no podría ir al colegio, por lo que decidí la segunda: ir en busca de un contrato de trabajo.

Poco a poco fui conociendo a personas que a veces nos tendían la mano y nos invitaban a comer. La soledad y la falta de redes se hacían evidentes. Mi nivel de estrés crecía y la relación con mi hijo se tensaba; las peleas eran constantes, me acusaba de haberlo sacado de su hogar, me reprochaba que no podía estudiar ni tener amigos por el idioma. La presión de la familia y amigos, quienes preguntaban por qué no volvíamos si estaba todo tan difícil se hacía presente también, pero yo no quería siquiera escuchar la palabra volver; eso sería terminar la batalla sin siquiera haberla comenzado. Siempre he sido rebelde, nunca he ido donde todo el rebaño va.

El tiempo corría y nada pasaba. Tenía nueve meses para intentarlo o tendría que regresar; cuando uno se encuentra en una circunstancia así, no importa en lo que tenga que trabajar. Me tocó hacer aseo, que es lo más típico cuando uno llega a otro país; eres inmigrante y no tienes el idioma para trabajar con otros. En esos momentos, lo que para algunos parece humillante, para otros es el mejor trabajo, pues no hay mucho que escoger; al estar lejos de tu país, toca desarrollar la humildad, hay algunos que no lo logran y sufren por estos baches lo que la vida les quiere enseñar. También emprendí un poco, hacía comida chilena. Hasta ese momento cocinaba muy poco, pero la necesidad te lleva a desarrollar o descubrir habilidades que no sabías que tenías; es una gran prueba de perseverancia, fuerza y tolerancia. En eso, me uní a otra compatriota y el negocio de la comida chilena comenzó a dar frutos; consistía en vender empanadas, berlines y pies de limón. Los clientes que querían, se podían comer las empanadas en el patio. Fue ahí que llegó Boris, un chileno separado, con dos hijos, venía de una relación con su ex, la madre, bastante sufrida. El único objetivo que tenía en su vida era casarse.

Boris se quedó a comer empanadas un día y comenzamos a coquetear; nos conocimos un tiempo, pero no pasó mucho para que se volviera intenso: con cinco a seis llamadas por teléfono al día. Sin duda, una persona como yo, se comienza a ahogar. Los regalos llegaban a cada rato, era muy bondadoso. Se acercó a André rápido, y al mes ya me estaba hablando de matrimonio. Con eso, todo el encanto se me acabó, hui. Al tiempo se transformó en un buen amigo, aún lo recuerdo como el hombre que solo quería casarse.

Los días eran largos y mi estado vibracional bajo. Solo la fuerza mental de mi hijo me ayudaba a levantarme para buscar trabajo. Cuando la vida se tornaba rutinaria, algún acontecimiento ocurría para tornarla un poco más interesante. Una pareja de kiwis que había viajado por toda Latinoamérica para aprender sobre el calendario maya, nómades de alma, nos invitaron a un retiro espiritual. Asistieron muchos maorís, algunos chilenos y gente local; había una energía muy poderosa. Yo no hablaba nada de inglés, pero mis amigos chilenos me traducían lo que iban diciendo. Sin embargo, comunicarme con ellos a ratos no era necesario; el lenguaje del corazón todo lo puede. Fue muy emotivo, aprendimos a saludar en maorí. "Kia Ora" significa "que tengas salud o que estés bien", es como desear a la otra persona la esencia de la vida, se hace frente con frente. También, en alguna actividad hicimos el haka, un baile antiguo de guerra usado por los All Black, el más famoso equipo de Rugby en Nueva Zelanda, para celebrar sus anotaciones. Por las noches tocábamos guitarra, cantábamos y les enseñé a bailar merengue. Lo pasamos muy bien, la energía que tienen los maorís es impresionante y el lugar era maravilloso: un pueblo llamado Mata Mata, a tres horas de Auckland, cerca de Hobbiton, en el que se filmó la película *El Señor de los Anillos*.

Cuando llegó la noche, vi por primera vez las luciérnagas, que parecían estrellas en una noche realmente oscura, me hicieron pensar que contemplaba el universo. En otra oportunidad, para purificarnos, entramos a un río desnudos. Era la primera vez que compartía con gente así de desinhibida, parecían no tener vergüenza ni morbo; fue un fin de semana de mucho intercambio cultural, lleno de aprendizaje. Los retiros espirituales hacen bien al alma y era lo que me faltaba para darle un empujón a mi vida.

Fui conociendo a más gente; logré tener una red, aunque muy pequeña, que me dio su apoyo incondicional. También acudí a la iglesia cristiana para latinos en busca de ayuda; aunque fueron muy contenedores, no era lo mío. Nunca había asistido a una iglesia de esas, pero una señora que era miembro me invitó a participar. "Sin compromiso", había dicho, "para ambientarme y conocer gente". Por eso decidí ir, después de todo, era gratuito. Me pareció una buena idea acudir al encuentro cristiano con la finalidad de interactuar con otros. Cuando llegó el día, una pareja de chilenos nuevos como nosotros nos llevó, era un lugar realmente hermoso, pero retirado. Al llegar, noté que estaba toda la gente instalada, eran casi todos chilenos y latinos. Todo iba bien, hasta que presencié el primer culto, era muy diferente de las misas católicas, a las cuales había dejado de ir a los dieciocho años. En su lugar, practicaba meditaciones desde hacía tiempo. Debo reconocer que fue un poco chocante ver cómo la gente se transformaba y comenzaba a saltar, como si tuvieran ataques epilépticos. Me fui a la media hora, decidí que para alejarme de ellos iría a caminar, a recorrer un poco.

Me alejé hasta que llegué a una paradisíaca playa, de esas que solo hay allá. Me quité la ropa y nadé desnuda; no andaba un alma, di gracias a Dios por esa naturaleza hermosa, de la cual disfrutaba. Cuando regresé estaba cerca la hora de almuerzo y noté unas miradas de extrañeza, no tardaron en preguntar a dónde había ido. Sentí que no era muy bien visto salir así de las ceremonias, pero la verdad, no tenía gran interés en participar. Por la noche, los ritos continuaron. Lo que más me gustó fue la banda musical, con letras de canciones muy modernas y significativas.

Al día siguiente continuó todo, eran tres ceremonias por día. Sentí que tal vez no había sido muy buena idea haber ido, aunque mi hijo lo estaba pasando bien, estaba conociendo niños de su edad. Salí a caminar y le pregunté si quería ir, pero prefirió quedarse con sus nuevos amigos. Al regresar, alguien me dijo que el pastor me estaba buscando, quería conversar conmigo. Nos reunimos y comenzamos a caminar; me contó que había estado conversando con mi hijo, que veía aptitudes en él para ser miembro de la iglesia cristiana, que mi hijo se quería bautizar. La verdad, quedé muy sorprendida, le respondí que primero tenía que conversarlo con él y preguntarle, era él quien tenía que decidir y yo respetaría lo que quisiera.

Fui en busca de André.

—Hijo, quiero conversar contigo —le dije, así que salimos a dar un paseo. Le comenté lo que el pastor me había dicho, a lo que él abrió sus ojos.

—No sé, mamá, a ellos se les ocurrió que yo tenía aptitudes.

—¿Pero a ti te gusta o no?, porque debes saber que si aceptas este es un compromiso, tendrás que asistir al templo constantemente.

—La verdad, mamá, no me gusta mucho esto de las ceremonias y los niños son muy raros, todos iguales. No, creo que no.

—Ok, entonces nada más que hablar, no te vas a bautizar—. Pero yo no dejaba de sentir incomodidad con la situación, creo que si uno se encuentra muy vulnerable, termina aceptando muchas cosas; aunque mi carácter es fuerte y siempre soy la que toma las decisiones, en este caso fue André quien decidió, y aunque yo logré ver en esos días cómo opera el sistema de las iglesias; la manera que van convenciendo a la gente, como a la pareja que nos llevó al retiro en su auto, que terminó convirtiéndose ese mismo fin de semana. Soy muy observadora y los cultos no son lo mío. A pesar de que eran muy buenas personas, pues prestaban mucha ayuda cuando alguien estaba desprotegido; si no entras en su sistema, te excluyen. André continuó asistiendo un tiempo más a las actividades juveniles, pero se terminó aburriendo muy pronto, dejamos de saber de ellos.

El tiempo pasaba y yo buscaba a alguien que me diera una visa de trabajo; intenté en un café, el dueño, que era argentino, me ilusionó y me había dicho que sí, pero al tiempo se arrepintió. En esas ocasiones siempre te vienes abajo, hasta que un buen día me atreví y entré a una tienda de masajes chinos. Hablaban mandarín, muy poco inglés, pero el que estaba a cargo era un acupunturista joven, llamado Alex (suelen cambiarse los nombres, es muy difícil pronunciarlos en chino). Le conté que era masajista y que estaba buscando trabajo, me probó y quedó encantado con mis masajes. Al momento de entrevistarme, me preguntó qué visa tenía y le conté la verdad, que estaba con visa de turista; abrió sus achinados ojos y terminó por aceptar.

Comencé a trabajar al día siguiente, ¡estaba tan feliz! Seguía aprendiendo cómo funcionaban las diferentes culturas; ellos pertenecían a un círculo muy cerrado, donde casi todos los clientes eran chinos. La madre del dueño no me aceptaba, trataba de correrme del trabajo todo el tiempo, pero él me protegía. Como ellos no pueden pronunciar la "r", la china vieja transformó mi nombre en "Lot". El maltrato se hizo notar pronto, yo no le gustaba, creo que porque no era china. El primer día, esperaba que llegara algún cliente al segundo piso cuando comenzó a gritar "¡Lot, Lot, Lot!", en ese momento descubrí que se trataba de mí. Después de tantos gritos me asomé.

—Tienes un masaje, Lot.

No pude evitar reír por dentro. La seriedad, casi frialdad de los chinos, no dejaba de llamar mi atención. Descubrí que pasada cierta edad las mujeres mandan tanto a los maridos como a los hijos, quienes incluso casados y siendo padres de familia, son muy sumisos. Las mujeres de más edad son muy gritonas, los eructos son pan de cada día, sin importar si hay gente o no. Su forma de trabajar, tan disciplinada, es impresionante.

Un día decidí hablar con Alex para pedirle hacerme una oferta laboral, lo cual provocó un choque entre nosotros, porque muchos huyen de los permisos de trabajo, pero él, después de insistirle varias veces, aceptó. ¡Estaba tan esperanzada! Comenzamos con los papeles, todo iba bien, hasta que un día me comentó que iría de vacaciones a China durante el proceso de papeleo para mi visado.

En ese momento, comenzaron los problemas. Además de no agradarle a su madre, empezaron los desencuentros y la presión; en medio de esta etapa turbulenta, entró un cliente que era muy guapo. Yo no estaba con pareja desde hacía mucho tiempo. Pidió un masaje en las piernas, la china vieja me ordenó que lo hiciera. Cuando iniciamos el masaje, comenzamos a hablar; él era neozelandés y para mi sorpresa, había vivido un tiempo en Brasil, así que hablaba algo de español.

Las miradas se cruzaban, conversamos todo el masaje, hasta que de un momento a otro me pidió que le tocara la ingle. Era soltero, yo igual, así que me permití la osadía. Nunca, durante mis años de trabajo, había aceptado ninguna insinuación de parte de un cliente, pero él me atraía mucho, tanto así, que al terminar el masaje lo besé en la boca y pude ver que estaba tan nervioso como yo. La situación me hizo sentir como una adolescente, algo que tras los días tensos que estaba teniendo, era un bálsamo de alegría. Lo que no sospechaba, era que volvería cada tarde por casi dos semanas, y cada vez con un masaje más ardiente. Comenzaba conversando, hasta que tomaba mi mano para ponerla muy cerca de su ingle. En Chile, no me hubiese atrevido jamás, la gente es tan pacata y buena para juzgar; estas aventurillas te convertirían casi en una prostituta para ellos, pero estaba en otro país, las mentes eran más abiertas y yo pasaba por una temporada de sequía.

En varias ocasiones, la madre del chino entraba de manera inusual para ver qué estaba pasando, pero nunca vio algo extraño. Un día de esos, el hombre no aguantó y nuestra acalorada sesión explotó, manchó la sabanilla. Yo estaba tan nerviosa que no tardé en cambiar todo, pero ella medio sospechó y fue en busca de la evidencia. Pegó un grito y me preguntó qué había pasado, dije que no tenía idea, que no me había dado cuenta.

No pasó mucho tiempo después de eso para que ella me echara por pedirle un aumento de sueldo, ese día aprendí que a un chino no puedes pedirle ese tipo de cosas.

Sin escuchar argumentos, me dijo que tomara mis cosas y me fuera; con lágrimas en los ojos le dije que mi trámite de visa había comenzado y que su hijo me estaba ayudando, pero es imposible pedirle a una persona china sentir compasión por alguien que no es de su cultura.

Regresé a casa destruida, la esperanza se había ido por pedir un aumento de sueldo. Los días posteriores fueron muy tristes; no era muy consciente en ese momento de las leyes espirituales y mi baja energía descendía, por ende la vibración también. Quienes siempre me daban fuerza y ánimo eran André, además de los pocos amigos que tenía.

Un día desperté desanimada, pero decidí soltar ese estado de tristeza, entonces dije: "Bueno, que pase lo que tenga que suceder". Con cada día que avanzaba, quedaba menos tiempo para regresar; me dispuse a tomar un curso de inglés por las tardes, agarré la bicicleta y fui en busca de un colegio. Recorrí muchos sitios, recuerdo que iba cantando, hasta que encontré lo que buscaba.

Cuando volvía a casa, tomé valor y pasé por una tienda de masajes tailandeses; ingresé y decidí probar suerte otra vez, aunque seguía con un inglés muy básico, estilo Tarzán. La mujer tailandesa que me recibió se llamaba Lin, fue muy amable y sonriente, me escuchó atenta cuando le dije que estaba trabajando con chinos y que buscaba un trabajo cerca de casa. Me preguntó si sabía hacer masajes tailandeses y no tuve más alternativa que decir que sí. Otra trabajadora estaba en una de las salas haciendo masaje y Lin dijo:

—Bueno, quiero ver cómo los haces, entra a la sala y ayuda a la persona que está trabajando.

Cuando el universo se alinea para ayudarte, de verdad lo hace. Entré en el preciso momento en que había que hacer maniobras con aceite; debuté, lo hice con tanta seguridad que me salió increíble. Ella le preguntó al cliente si estaba bien y él dijo que perfecto, me quedé alrededor de media hora. Al finalizar, Lin me preguntó cuál era mi disponibilidad, yo le dije que toda y ella respondió que me necesitaba los fines de semana; comencé al día siguiente. Recuerdo que mi dicha no cabía en mi interior, la esperanza volvía a mí.

Todo parecía marchar como debía de nuevo, al pasar dos semanas le conté que necesitaba una visa de trabajo porque me quedaba muy poco para renovarla y no podía extenderla más. Ella me dijo que no podía, solo tomaban gente proveniente de Tailandia. De nuevo la tensión y la negatividad se apoderaron de mí, pasó un tiempo, más de un mes y medio; estaba por cumplirse el tiempo en que debería regresar a Chile, el plazo de la visa acababa, no tenía esperanzas. Hasta que un buen día, Lin me vio muy triste y desesperanzada.

—Te tengo una noticia —me dijo—, una amiga tiene una tienda de masajes en otra localidad, ella va al templo budista igual que yo y te puede dar una visa, pero el compromiso es que reemplaces a mi hermana durante un mes mientras se hace el proceso, ¿te parece?

—Por supuesto —dije, era todo lo que necesitaba.

—También —añadió—, me he dado cuenta de que no sabes hacer masajes tailandeses, así que te entrenaré.

Fue una verdadera bendición, se transformó en mi maestra en muchos aspectos. Era una gran mujer, muy justa, correcta y fiel al budismo; generosa y experta en masajes tailandeses, era nacida allá.

En este tiempo tenía un círculo de amigos cercanos, un par de ellos eran una pareja de chilenos jóvenes, quienes hasta hoy siguen siendo mis amigos. Se transformaron en nuestra familia, son muy honestos, transparentes, con grandes valores, buenos de corazón; se apodaron los tapires y me acompañaron en todo el proceso de mi primera visa de trabajo; iba a estar en Nueva Zelanda por unos meses, pero han sido nuestros amigos de viaje y aventuras por todo este tiempo.

El proceso de visa comenzó, mi maestra me dio el *training* que me especializó en masajes de ese tipo, y paralelo a ello, continuamos viviendo con mi hijo en la casa de ayuda. La gente que llegaba era transitoria; nos cruzamos con una mujer joven chilena, casada, con dos hijos pequeños, quien había acusado a su marido por violencia intrafamiliar. En Nueva Zelanda, esos delitos son tomados en cuenta de manera rápida y la ayuda a la víctima es inmediata, así que su marido no se podía acercar a ella ni a sus hijos por orden judicial; la entidad en ayuda a inmigrantes refugiados y abusados provenientes de Latinoamérica, está sustentada por el gobierno neozelandés. La chica estaba muy vulnerada, llegó a la casa en que vivíamos nosotros y otro chico, quien también se estaba abriendo camino para residir en Nueva Zelanda. Los niños son mi debilidad, así que poco a poco comencé a tomarles cariño, a ella y sus hijos. Era una mujer muy guapa, pero extraña y misteriosa.

Mi jornada laboral mientras reemplazaba a la hermana de Lin era bastante larga, trabajaba de lunes a lunes y tenía muy poco tiempo para ver a mi hijo, pero la intuición de madre me hacía notar que algo raro estaba pasando. Por lo general, llamaba a André varias veces al día y últimamente no me contestaba. Hubo días en que llegué antes de tiempo y comencé a notar una amistad muy cercana entre ella y mi hijo: noté que salían a pasear muy seguido junto a sus hijos; aunque una parte de mí decía que no podía estar ocurriendo lo que pensaba, ella era una mujer de veintiséis años y mi hijo solo tenía quince. Pero las miradas cómplices eran muy evidentes y muchas veces, cuando salía temprano, los encontraba cubiertos con mantas y luz apagada, incluso en época de verano, "viendo películas". Todo ocurría frente a mis narices y yo no lo quería ver.

Presioné muchas veces a André para que me dijera si tenía alguna relación con la muchacha, pero él siempre dijo que no. Un día, me enteré de que estaban juntos, los encaré y lo negaron, entonces acudí a los responsables del organismo que había traído a esta mujer y les conté lo que estaba sucediendo; ella estaba cometiendo un delito, él era menor de edad. Fueron amenazados y tomé la decisión de mudarme, mi nueva visa estaba por ser aprobada y el nuevo trabajo estaba muy lejos de ahí. Aun estando amenazados, continuaron su romance a escondidas; lo peor de todo era que yo lo veía, embobado, las hormonas a los quince años andan a mil, y para un adolescente, una mujer guapa, curvilínea y mayor, es un trofeo casi inalcanzable.

Mi intuición estaba revuelta; vivía momentos de mucha tensión, de muchos cambios. Me encontraba muy intranquila con lo de mi hijo, pero al fin obtuve la visa de trabajo tan soñada y pedida al universo.

Mi primer día de trabajo oficial, con una visa que duraría un año, tuve una sorpresa muy insospechada; cuando llegué a la tienda de masajes, la imagen panorámica de la situación me pareció extraña: había alrededor de cinco chicas, pero sin uniforme. Estábamos en diciembre, muy cerca de Navidad. Entonces mi jefa me presentó a mis compañeras y me llamó la nueva, sería mi debut.

Comencé haciendo mi primer masaje ahí, practicando mi inglés (que mejoraba de a poco) y pasada media hora, el cliente me preguntó si le podía hacer un "happy ending", expresión que no entendí, pero como su insistencia era más que clara, le dije que esperara un momento, que regresaría enseguida. Salí corriendo a preguntar a mi jefa qué significaba "happy ending". Vi la expresión en su rostro, sus ojos se abrieron muy grandes, me miró seria y dijo:

—¿Cómo no sabes lo que significa? Has trabajado en masajes tailandeses, con gente tailandesa, eso es casi parte de la cultura.

Pero insistí en que no sabía, así que fue en busca de un papel en que salían varios precios; me explicó uno por uno los servicios que ellas hacían, al mismo tiempo que les contaba a las otras chicas en su idioma lo que ocurría; ellas comenzaron a reír burlonas, entonces supe lo que era y enrojecí, también me dio una pena enorme.

Le contesté que lo sentía mucho, que yo era una profesional y que no lo haría; le dije que me mostrara en qué parte del contrato estaba escrito que era una obligación, entonces vi que su expresión no era de alegría; me respondió que fuera a terminar el masaje y cuando finiquitara tenía que buscar a alguna que estuviera desocupada para hacer el resto. Entré a terminar el masaje muy confundida, no podía creer todo lo que pasaba. En un par de semanas, la vida se había enrarecido; viví muchas experiencias fuertes y emocionalmente se tornaba todo muy difícil.

Vino una etapa de sobrecarga emocional. Aquel día, al terminar mi jornada laboral, regresé a casa caminando; lo que anhelan muchas personas, vivir a quince minutos del trabajo. Sin embargo, todo era extraño, mi nuevo lugar de trabajo era un prostíbulo disfrazado, tenía mezclados muchos sentimientos encontrados.

Regresé a casa llorando, no sabía cómo interpretar los acontecimientos. Para poder estar íntegra y sin desplomarme, guardaba conmigo un libro de oraciones angélicas que rezaba mañana a mañana. Descubrí mis primeros decretos para la abundancia, mi vida personal como inmigrante estaba cuesta arriba. La aventura amorosa de mi hijo llegaba al clímax de su desenlace; dos días después de esto, tras una llamada por teléfono que hice a André, como era la costumbre, me pidió permiso para salir con una amiga. La piel se me erizó, sospechaba que se trataba de algo turbio, intuición de madre; acepté, aunque no muy convencida. Cuando retorné a casa, él no estaba y comencé a llamarlo, pero no respondía. Miles de pensamientos se me cruzaron por la cabeza. Pasaban las horas y no respondía, hasta que en un momento por fin lo hizo. Estaba muy nervioso, me comentó que seguía con su amiga y que llegaría pronto, pero esa respuesta no me dejó nada tranquila; un poco más tarde volví a llamarlo y solo decía "estoy bien, voy en camino", pero no llegaba y era de noche. Hasta que por fin escuché un auto estacionarse. Apenas entró subió las escaleras, yo estaba furiosa, me saludó y me dijo que había alguien abajo que quería hablar conmigo. Me contuve para no darle una bofetada. Cuando bajé, un hombre alto, acompañado por una mujer china, se presentó. Creí que desmayaría cuando me dijo su nombre: era el exesposo de la muchacha con quien mi hijo había sostenido el amorío.

—Qué haces tú en mi casa —miré a André con ojos de querer matarlo.

—Disculpa, quería contarte algo —comenzó—, tú sabías que tu hijo y mi mujer tenían una relación y él es menor de edad, por lo tanto, ella cometió un delito, el cual fue denunciado esta tarde por decisión de André.

Quise morir.

—¿Qué dices? —Miré a André—. Hijo, ¿es verdad que fuiste a hacer una denuncia sin mi autorización?

El hombre respondió por André:

—Sí, yo ayudé a tu hijo, él me mostró fotos íntimas de ellos dos en las cuales se hacía evidente que sostenían una relación; ella es una adulta, mira...

Me mostró imágenes que hubiese preferido no ver. Claro, no eran de abuso precisamente, pero en ese momento debí asumir que ya no era mi niño, sino un hombre.

—¿Qué pretendes?

—¿Sabías que ella era escort? —contra preguntó.

Creí que la tierra me tragaría. Mi corazón latía muy fuerte y a la vez, una herida muy profunda clavaba mi corazón; me contó su historia. Él la había conocido muy joven y la hizo parte de su staff de escorts; con el tiempo se enamoraron y luego se casaron. Ella continuó ejerciendo, se había vuelto adicta al alcohol. Quedó embarazada en poco tiempo, tuvo su primera hija y apenas pasó algo de tiempo, volvió a su trabajo, a espaldas de él. Cuando la pilló, comenzaron los golpes y el maltrato; asistieron a una iglesia para tratar de salvar su matrimonio y dejar sus adicciones; anduvieron bien un tiempo, pero ella recayó y nació su segundo hijo. Para entonces, él era un personaje violento metido en redes de prostitución y drogas; la policía chilena lo buscaba, salió del país y recorrieron muchos lugares. Terminaron en Nueva Zelanda y al poco tiempo de llegar él tuvo que viajar por negocios; fue el momento en que ella decidió denunciarlo a la policía por violencia intrafamiliar. En ese país cualquier denuncia realizada por este motivo es sancionada drásticamente y de manera inmediata si se verifica como real. En su caso, la policía determinó al instante una orden de alejamiento del padre; entonces terminó diciendo que no descansaría hasta verla en prisión, porque lo había alejado de sus hijos. Lo encaré y le dije que más bien me parecía una venganza, que si él estaba consciente de que al ir a prisión, ellos terminarían en un hogar de niños. Me respondió que sí, pero que no le importaba porque ella tenía que pagar por lo que había hecho, y que, si yo no lo hacía, continuaría con el proceso porque tenían pruebas suficientes. Además, me insinuó que si necesitaba dinero él me podía ayudar con lo que yo quisiera. Le dije que no podía comprar todo, yo no estaba a la venta. En ese momento miré a André, quien tenía en sus manos el último celular del año. El hombre se dio cuenta de que yo había clavado mi mirada en el teléfono, me dijo que se lo había comprado porque se merecía un aparato como ese y además cooperó con la denuncia; eso me pareció un golpe bajo, le pregunté a André si ese celular se lo había comprado él, a lo que respondió que sí. Le dije que lo regresara, pero contestó el sujeto por mi hijo:

—No, yo se lo regalé... Un gusto—. Le dejó su número telefónico antes de irse.

Cuando se fue, creí que se llevaba parte de mi alma. No podía parar de llorar, sentía que había fallado como madre, que el deseo de salir de mi país en busca de un mejor futuro para él había sido el peor de los sueños, pues todas las expectativas que me había formado en la cabeza, estaban ahí, destruidas, desmoronadas como los castillos de arena.

Tenía una visa de trabajo aprobada, pero ejercía con prostitutas; un hijo adolescente que había crecido y se dejaba llevar por sus impulsos, sin medir las consecuencias. Me había puesto el traje de víctima sin quererlo, no entendía por qué estaba viviendo todo eso. Después de unos años, cuando conocí las leyes universales, asumí que yo había sido la responsable, con mi negatividad; había bajado la vibración, no haber puesto los límites con André a tiempo ni hacer algo por el estrés que se había apoderado de mí, eran causa y efecto de mis pensamientos.

Los problemas crecían con respecto a mi hijo; decidí tomar cartas en el asunto, lo llevé al doctor para un chequeo completo de cuerpo. Todo andaba bien, pero todavía tenía mucha rabia hacia él, cada conversación que teníamos terminaba en pelea. Mis amigos, los tapires, fueron un gran soporte, eran quienes le hablaban a André y me escuchaban. Mi familia siempre ha sido un gran apoyo también, son quienes aconsejan a André cuando las cosas no van bien entre nosotros.

Acudí a la policía tras enterarme en una confesión que André me había hecho, que se juntó con él porque el hombre le había mostrado fotos desde su computador. El lugar donde trabajaba tenía un investigador privado que le había dado mucha información, fotos de los lugares que frecuentábamos, de André con su exmujer en parques que visitaban para tener su amorío. André me confesó que había ido a hacer la denuncia porque el hombre lo amenazó, entonces puse una constancia de acoso para que no pudiese acercarse a nosotros, pero envió gente a seguirnos y nos llamó por mucho tiempo.

La policía de Nueva Zelanda se hizo cargo junto a la organización para inmigrantes; decidieron que teníamos que salir de la ciudad por unos días, nos pagaron todos los gastos. Nos fuimos a una hermosa isla llamada Waiheke, en la que logré recuperar energía y conectarme con mi hijo otra vez.

La Interrogación

Luego del quinto día, como fue el acuerdo con la entidad de ayuda, prendí el celular y el mensaje en la pantalla decía: "Los esperamos a medio día porque les harán unas preguntas". Pensé: "Bueno, es parte del procedimiento, espero que esto termine pronto". De regreso, pude ver lo mágico de la isla de Waiheke: las palmeras eran abundantes en todos lados y sus playas de un color verde esmeralda entremezclado con celestes. Siempre he sido muy agradecida cuando visito lugares con hermosa naturaleza, para mí es el mejor refugio que puede tener un ser humano cuando pasa por situaciones difíciles.

Cruzamos en el ferry, estábamos cerca del lugar del encuentro cuando una sensación en el estómago comenzó a crecer. Al estacionar, me llevé tremenda sorpresa: siete patrullas de policías rodeaban el lugar donde nos habían citado; el caso había pasado a la policía de un departamento especial. Miré a André.

—Esta es la consecuencia de lo que hiciste.

Él bajó la cabeza. Al entrar, había muchas personas, siete policías, un traductor, un asistente social. Nos pusieron en piezas separadas y comenzó el interrogatorio, duró cerca de tres horas. Yo pedí resguardo porque sabía que nos habían seguido un par de veces y nos designaron a un policía, por cualquier problema. Me preguntaron si también quería hacer cargos en contra de ella; aunque tenía mucha rabia, pensé en los niños y dije que no, pero la policía quería que lo hiciera, fue muy insistente en ello. No podía dejar a esos niños huérfanos, de hacerlo, ella iría a prisión y los niños a un hogar. La historia duró un buen tiempo, pocos días después recibí un llamado. Era la muchacha, me pidió que nos juntásemos a hablar, estaba muy angustiada. Para ese momento, André había entrado al colegio y estaba saliendo con una amiga que luego se transformaría en su primera polola, lo que me haría sentir un poco más tranquila. Dentro de las medidas cautelares que solicité a la policía, fui muy enfática en pedir que ella se alejara por completo de mi hijo, porque ellos habían continuado en contacto a pesar de todo; la organización latina se hizo cargo y la enviaron a otra ciudad.

Nos encontramos en un café: ella, sus hijos, una intermediaria y yo. Me pidió perdón y me confesó que se había enamorado de André, pero por sus hijos me afirmaba que sexualmente no habían concretado a fondo.

Le dije que era una mentirosa, pero que no se preocupara, que no la denunciaría, pues serían sus hijos los que sufrirían las consecuencias. Tenía muchas ganas de darle una paliza, pero solo le pedí que nunca más en su vida se acercará a André, por ninguna vía; de ser así, yo misma la metería a la cárcel. Ese fue el acuerdo, cerramos el trato frente a la tercera persona.

André

Es difícil encontrar la manera de describir a alguien como André, hemos vivido demasiadas historias juntos; es un hijo de madre soltera, con una vida bastante complicada en lo que respecta a su padre. Su crianza fue compleja, entre mi madre, mi hermana junto a su familia y yo, vivió su niñez; carecer de papá siempre ha sido su sombra; desde pequeño fue estigmatizado como un niño con déficit atencional e hiperactividad, lo que le trajo muchos problemas en el colegio, nunca encajó con la educación en Chile. Eso era una gran tensión para mí, me llamaban del colegio por quejas semana tras semana, y escuchar una y otra vez todo lo negativo, nunca algo positivo, hacía que tanto André, como yo, nos frustráramos.

Hasta los catorce años, vivió con psicólogos, neurólogos, ravotril por un tiempo, flores de Bach, terapias, profesores particulares, deportes; toqué mil puertas para que lo ayudaran, incluso acudí a un programa de aprendizaje inteligente, por Pablo Menichetti. Cuando llegó a Nueva Zelanda, la vida le cambió cien por ciento. Al entrar al colegio se convirtió en el latino que jugaba fútbol; atractivo, sociable, trataba de engañarme en las primeras reuniones con los maestros porque yo no sabía inglés; siempre me decía que estaba todo perfecto, aunque la verdad era que no, él tampoco hablaba muy bien el idioma. En Chile siempre me dijo que no podía aprender inglés, lloraba para que consiguiese un certificado del neurólogo y ser eximido. A mí me causaba pena y lo hacía, sin saber que sus limitantes eran solo eso: límites creados en su cabeza porque no le gustaba y le costaba, pero en el futuro todo eso cambiaría de manera radical.

Antes de que entrara al colegio en Nueva Zelanda, le sugerí que se buscara una polola neozelandesa para que le enseñara bien el idioma, con modismos incluidos; también le dije que no tuviera amigos latinos por si se encontraba con alguno, no porque tuviera algo en contra, sino porque así aprendería más rápido. A la semana de entrar al colegio, conoció a su polola Kiwi. André me dijo que había sido una gran idea, la sugerencia le había funcionado a la perfección y a los tres meses hablaba fluido, pero en el colegio aún no dominaba todas las materias. Siempre se las arreglaba para dar las pruebas, nunca tuvo apoyo de parte del colegio.

Si bien no estaba contento cuando llegamos al país, pues comenzamos a vivir situaciones nuevas y bien difíciles, además solos, después de que inicio el colegio estaba súper feliz.

Como madre de hijo único, me volví controladora y sobreprotectora, estábamos en tierras lejanas. Había muchos momentos en que sentía que debía hablarle claro y conciso, dado que no había un padre presente; en temas como el sexo, para mí, era de vital importancia tratar de orientarlo. Así que tuve que darle charlas de métodos de prevención, lo que para él era muy vergonzoso, pero a nadie le enseñan a ser padre; todos tratamos de hacer lo que podemos. Nueva Zelanda es un país muy abierto en cosas como el aborto, irse de casa a corta edad o vivir con las parejas a los dieciséis años; ante eso, quise abordar los asuntos de manera natural, pero haciendo hincapié en que él se protegiera, que los sentimientos eran importantes. A sus catorce cortos años, había tenido relaciones sexuales con niñas. Yo no me enteré sino hasta unos años después; a veces siento que nunca me ha visto como mamá, sino más bien como hermana, lo que me trae ciertos problemas a la hora de poner las reglas en la casa, o al discutir, pues desde que cumplió catorce han sido reiterativas. A pesar de todo, somos muy unidos, es usual entre ambos abrirnos y contarnos lo que nos ocurre, en especial si se trata de sus novias. En algunos periodos también nos hemos distanciado, casi como parte de su crecimiento, pero siempre vuelve para pedir una opinión de mi parte.

Le ha costado mucho madurar, pero a sus casi veinte años, es muy responsable; trabaja y coopera en casa, con quejas, pero lo hace. Hemos tenido muchas crisis y esta vez no es la excepción. A veces, una no puede con estas cosas. Si se trata de los hijos, a mi parecer, las peleas suelen doler mucho más. En ocasiones no podía ver más allá de ellas, eso me frustraba y dolía, por lo que decidí buscar ayuda; quería escribir acerca de él porque, independiente de que nuestra relación esté en crisis, me siento muy orgullosa de cómo ha sabido superar los obstáculos, con mucha garra. No hay alguien que te brinde más ánimo que él cuando te estás cayendo; tiene un carácter difícil, heredado de su padre y de mí.

André sueña con regresar a Nueva Zelanda. Con el paso de los años, me ha agradecido cada vez que ha podido por haberlo llevado hasta allá. Será un excelente padre, lo veo en cada bebé que toma, le encantan y es paciente con ellos. "Ese es mi hijo", pienso cuando lo veo, un chico al que no le ha tocado fácil, pero goza de igual manera la vida; un joven muy divertido que me ha sacado muchas risas, llantos y rabia; un gran maestro, que me ha enseñado mucho; un compañero de viaje. El verano del 2022, hicimos un viaje juntos a la carretera Austral. Terminamos en el Glaciar Grey. Esa aventura nos acercó otra vez, tuvimos que caminar mucho todo el viaje; comenzamos en Coyhaique e hicimos caminatas con altos grados de dificultad, las cuales no solo ayudaron a nuestros cuerpos a generar resistencia física, también mental; tienes que estar dándote ánimo de manera constante para no decaer. En esa oportunidad, fue André quien siempre me daba una palabra de aliento; en más de una ocasión, cuando mis piernas no daban más, mientras hacíamos la W en torres del Paine, Región de Magallanes, Puerto Natales; la octava maravilla del mundo.

André llevaba las dos mochilas de veinte kilos cada una. Además de ver los paisajes más hermosos al caminar con un viento que apenas te sostienes, dormir en carpas cerca de algún río, fueron tres días de mucha concentración. En los trekking, sí o sí entras al presente, quieres llegar a destino y haces equipo con tus acompañantes. André me esperaba con paciencia; las risas, bromas, saludar a todo el que pasa a tu lado; gritar "¡ya falta poco!", y en las noches conversar con muchos otros que están en la misma, caminando como locos, hacen de este tipo de viajes algo muy especial; es el punto de encuentro que ambos tenemos porque aunque a veces odies estar subiendo una montaña, también lo amas; te genera mucha fuerza mental y te sientes un ganador cuando llegas a cada parada.

Todo eso nos acercó como madre e hijo, son viajes que jamás olvidaremos. En alguna de las caminatas, me dijo que le gustaría repetir eso con sus hijos, me llenó de ternura. Sin duda nos acercamos a una nueva etapa, estoy disfrutando sus últimos años de jovencito; este es un paréntesis en que me permito expresar mi cariño hacia mi niño, todavía visto con ojos de madre, André.

Luk

Los días pasaban, poco a poco retornaba la tranquilidad; André se incorporaba cada vez más al colegio y pololeaba con una kiwi que lo ayudó mucho con su inglés; pasaban todos los días juntos, era su primera polola oficial. Cuando me la presentó, me cayó muy mal, era muy mal educada: entraba sin saludar y se instalaba en la pieza de André. Me costó mucho trabajo aceptarla, pero cuando lo hice, le tomé bastante cariño.

Pasaba mucho tiempo fuera de casa por trabajo, pero a mi regreso siempre estaban ahí, solos por las tardes y el fin de semana, algo que me hacía estar alerta para evitar ser abuela antes de tiempo. Le pregunté directo a ella si se cuidaba, me dijo que no, le propuse que sería una buena idea hablar con su mamá. A los días me dijo que su madre le había dicho que esperara un poco; quedé sorprendida, los padres de Nueva Zelanda no hablan con sus hijos acerca sexo, sin embargo, son muy permisivos en cuanto a salidas, pueden ausentarse todo el día sin control, excepto estar en sus casas para cenar. Tras esta situación, no podía actuar como ciega, debía prevenir que André saliera con un hijo, así que tomé hora en un centro médico sexual; me sorprendió lo avanzados que eran con respecto a Sudamérica: les hicieron un chequeo médico a los dos, les hablaron acerca de los métodos preventivos. Luego les dieron preservativos y anticonceptivos gratuitos. Al salir de ahí sentí un sin fin de emociones, sabía que los estaba guiando para tener una sexualidad responsable. Eran aún muy jóvenes, pero también pasaban mucho tiempo juntos y solos, en una edad donde las hormonas están muy activas. Solo me quedó educarlos, hacerlos responsables de sus vidas sexuales.

Mi trabajo era rutinario, pasaba muchas horas ahí y creo que entré en un estado de adormecimiento. No quería ver lo que pasaba a mi alrededor para no deprimirme, pero no era mi lugar a nivel de energías. En un comienzo me fue bien, a los clientes les gustaban los masajes y siempre iban con la intención de hacerme cambiar de opinión para dar algo más que un masaje, un "happy ending". Mi jefa no estaba feliz, la clientela había bajado y además ella era una persona vieja, tenía sus propios clientes, con los que se demoraba una eternidad. Yo veía y escuchaba cosas que no quería, así que dormía en mis ratos libres. Cuando llegaba un cliente, comenzaba diciendo que no hacía "happy endings" y que al terminar el masaje vendría otra persona, algo que no les gustaba nada, por lo que muchas veces debía ser muy pesada.

Las otras chicas que trabajaban ahí eran tailandesas y se peleaban para hacer la segunda parte. Un día, entró un hombre llamado Luk. Cuando ingresé a la cabina le dije las condiciones, él dio una gran carcajada y dijo: "Yo vengo por un masaje solamente". Era muy extrovertido y divertido, le conté parte de mi historia, le brillaron los ojos. Cuando terminé el masaje, me dijo que tenía trabajo para mi hijo; entre su multifacética vida, tenía un negocio de hacer y limpiar jardines, mientras por las tardes entrenaba boxeo a algunas personas.

Pasaron los días y mi hijo lo llamó, se juntaron y André comenzó a trabajar para él después del colegio. Me pidió una hora para darle algunos masajes a domicilio, pero me di cuenta de que le gustaba; era un hombre que llegó a nuestras vidas para ayudarnos mucho, aunque a mí no me gustaba. Como se llevaba tan bien con André, frecuentaba nuestra casa de manera continua; descubrí que mi hijo quería que nos emparejáramos. Después de saber eso, le tomé un rechazo enorme a Luk, aunque era muy bueno y me consentía mucho; me llevaba regalos, flores y chocolates, pasaba por mi trabajo a diario con un café y un muffin, me cumplía cada capricho; con solo mencionar algo que me gustaba, se las ingeniaba para dármelo de sorpresa.

Junto a los tapires, comenzamos a recorrer todos los fines de semana las hermosas playas, parques y zonas turísticas de Nueva Zelanda. La Isla Norte, Bay of Island, Urupukapuka Island, Pahia, Taupo, Rotorua. Nos íbamos de paseo junto a Luk, André y su novia. Visitamos lugares increíbles y mágicos ese verano del 2016. Nuestros amigos pasaron a convertirse en familia y Luk se sentía como mi esposo. En uno de nuestros paseos a Pahia, arrendó un auto y nos llevó conduciendo, llevaba una botella muy grande, la cual pensaba que era bebida energética, pero su comportamiento era muy extraño. Le pregunté qué era, dijo que bebida, pero al rato la velocidad subió y sus carcajadas ante cualquier cosa se hicieron más fuertes. De fondo sonaba el grupo Abba, con la canción *Dancing Queen*. Cantábamos felices, él hablaba pocas palabras en español, lo que nos causaba mucha risa, parecía una verdadera película romántica. Tardé en darme cuenta de que estaba ebrio, lo noté casi al llegar. Ese fin de semana descubrí que era alcohólico, un gran tema para mí, dado que mi padre había fallecido de alcoholismo, era como retroceder a esos tiempos.

Comenzaron nuestras discusiones por este motivo, pero era una lucha sin sentido, él no cambiaría. Un día me confesó que había estado en prisión por golpear a un neozelandés y que cuando me conoció, había salido hacía dos meses de la cárcel. Para mí fue desconcertante, pero era tan bueno con nosotros, así que no me importó demasiado.

El asunto en mi trabajo estaba difícil, la clientela había bajado mucho; mi jefa se había reunido conmigo para decirme que tenía que tratar de adaptarme al negocio; me preguntó por qué razón, si era tan fácil, no podía hacer los servicios que ellas daban. Eso tensó mucho nuestra relación, pese a todo, era una vieja de muy buen corazón. Un par de veces fuimos al templo budista donde ella hacía grandes donaciones. Para mí, la situación era un poco controversial. Era una prostituta con doble vida, después de su trabajo, era casada y asistía al templo. Su esposo, un anciano kiwi, no sabía nada. Las otras trabajadoras, al retornar a casa, también eran esposas; todas vivían una doble vida. Me parecía un mundo tan loco, poco a poco comencé a ver la realidad.

Tenía una colega que bebía muchísimo, su rostro era joven, pero tenía varios años, aunque todas ellas eran así. Le pregunté por qué bebía tanto.

—¿Qué crees? —me dijo—, lo hago porque me tocan hombres que no me gustan y hay que trabajar.

Cuando me quejaba del poco dinero que ganaba, ella abría su bolso y me mostraba la gran cantidad de billetes y de condones que tenía. Entonces me miraba y decía que yo podría ganar lo mismo, y se reía de manera macabra. Entonces las otras, como serpientes, se me acercaban y comenzaban a cuestionarme. "¿Por qué no lo haces, si es tan fácil?". "Tú eres soltera, joven, ¿acaso es por religión?" "¿Por qué entonces no lo haces?".

Un día me dijeron después de terminar un masaje: "Mira, ve el reloj para que veas lo rápido que se hace", competían entre ellas sobre cuánto tiempo tardaban en hacer el "happy ending". Noté que eran de entre tres a cinco minutos, si tardaban más que eso, era porque estaban en otro servicio. Un par de veces, las vi llegar en tremendos automóviles; me decían: "Tú podrías tener uno igual y le podrías comprar lo que quisieras a tu hijo". Me sentía tan acosada y frustrada...

Cuando me harté de todo, cité a Luk a mi casa después del trabajo. Había sido un hombre muy bueno, pero bebía mucho alcohol; de hecho, llegó un poco ebrio y se sentó.

—Luk, tú has sido un hombre muy bueno con nosotros y sabes que te tengo cariño como amigo, que no te veo con otros ojos. También sabes que estoy en ese trabajo por la visa, pero no estoy feliz allí y las cosas van de mal en peor.

Él me miraba atento, dijo:

—Quiero pedirte algo porque me siento un poco desesperada. ¿Podrías darme la visa de pareja?

Vi su rostro enrojecido, se quedó un momento en silencio y luego respondió que sí, me ayudaría. Para mí fue una buena noticia, le aclaré que uno de los requisitos era que tendríamos que comprobar nuestra convivencia, así que le pregunté cuánto me cobraría por todo, pero me dijo que nada; me amaba y solo quería ayudarme, entonces le aclaré que cada uno viviría en su casa. Aceptó y se fue... esa noche, elaboré un plan.

El Plan

Comencé los preparativos, tenía que arrendar una casa. Entré en un periodo de escasez económica, rentar una casa en Nueva Zelanda es caro y tuve que armarla desde cero. Saqué todos los ahorros que tenía en Chile para llevar a cabo el plan que se me había ocurrido; si resultaba, tendría visa abierta para trabajar en cualquier cosa, era mi gran esperanza.

Me sentía con mucho estrés, creo que olvidé la fe; la negatividad se apoderó de mí y también el mal genio. Mi amigo, Luk, nos ayudaba mucho, pero tenía sus propios problemas. Mi energía era baja, como si estuviese nadando de manera intensa para llegar a una orilla; a ratos descansaba sobre algún trozo de madera, pero luego se me hacía muy difícil llegar a destino. Sobrevivía en la vida, nada más, con la esperanza de que en algún momento todo se tornaría un poco más fácil, pero había sido yo la responsable, quien tomó todas las decisiones; fui yo quien permitió a mi mente sentir todo eso, hasta ese momento no conocía las leyes universales, ni cómo reacciona la mente para boicotear nuestros deseos.

El periodo de mudanza fue aún más difícil, sentía que explotaba de estrés. No me quedaban ahorros, solo tenía dinero para una semana más de arriendo, mi trabajo iba en picada. Cuando pasas por períodos así, solo queda una alternativa: la rendición, lanzarse al vacío, soltar. Y así lo hice.

A los pocos días, una pareja de brasileños que buscaba arriendo, conocidos de Luk, arrendaron una pieza en mi casa. Así ocurren los milagros, como dice el dicho: "Dios aprieta, pero no ahorca".

Un día de esos, recibí el llamado de una gran maestra espiritual para mí en Chile: Glorita, de quien sigo inmensamente agradecida. Curiosamente, ella siempre me llamaba en momentos en que bajaba los brazos, siempre fue un bálsamo para mi espíritu. Me preguntó cómo estaba, le conté todo y me dijo que preguntaría por mi caso con otras personas del mundo espiritual. Días después, volvió a llamarme. Me sugirió abandonar el trabajo porque era una energía oscura que me tenía dormida, y así lo sentía yo, literalmente dormía mucho en aquel tiempo.

Al siguiente día le pedí permiso a mi jefa, dije que tenía trámites que hacer, aunque en realidad fui a una playa solitaria que muy pronto fue mi refugio en Nueva Zelanda; un lugar con bosques verdes y palmeras. Era Julio, hacía mucho frío; caminé y caminé, mis lágrimas no cesaron, hablé con Dios y le pregunté qué estaba pasando, ese no era mi sueño. Me comprometí a dejar el trabajo, "pero no sé qué pasará, haz tu voluntad porque no veo muchas salidas". Después de contemplar la naturaleza, el mar, el viento en mi cara y la arena en los pies, volví a la cotidianeidad de mi vida con una nueva decisión tomada: me iría de aquel lugar, renunciaría al trabajo.

De regreso, hablé con mi jefa, le agradecí por todo y le dije que me esperara un poco, hasta tener el resultado de mi nueva visa de pareja, ella aceptó. Terminé el ciclo, aprendí algo muy importante: no juzgar a una prostituta nunca, después de todo, era un gran ser humano. Sus donaciones en el templo siempre eran de las más grandes. Su generosidad y apoyo maternal para con todas, la hacía una mujer noble. Con una doble vida, pero generosa.

El Rechazo

Luk andaba muy extraño durante ese periodo, quiso desistir de nuestro acuerdo, su conducta se había tornado bipolar y la excesiva adicción al licor era, en ocasiones, demasiado notoria. Había días en que estaba bien y otros en los que le debía aconsejar que se fuera a dormir, pues se ponía insoportable, odioso, porfiado.

Faltaba poco para reunir toda la documentación y enviarla a inmigración, dentro de los requisitos que pedían, teníamos que tener una cuenta bancaria juntos. Algo no me encajaba, íbamos a muchos bancos y como él era el que hablaba, en todos lados nos decían que no. Yo no entendía mucho y le preguntaba por qué nos rechazaban, él respondía que era porque tenía deudas y yo le creía. Mientras, me puse a buscar trabajo hasta que encontré, no era un gran empleo, pero sí en una verdadera tienda de masajes, solo que había abierto hacía poco, así que no me podían ofrecer un buen salario; de hecho, era muy bajo, pero acepté igual porque según mi plan, una vez que me saliera la nueva visa de pareja, podría irme y buscar algo mejor, no necesariamente como masajista.

Hasta que un día Luk llamó y dijo que tenía que darme una noticia, con tono de tragedia. Nos juntamos esa tarde y llorando, me contó que a su exesposa le habían diagnosticado cáncer, no le daban mucho tiempo de vida. Él tendría que hacerse cargo de sus tres hijos, estaba realmente afectado; desde ese día, casi no lo veía y se embriagaba cada vez más. Me causó duda, en un momento pensé que estaba mintiendo.

En ese periodo, mis amigos tapires terminaban su estancia en Nueva Zelanda; con su partida quedé muy triste, eran como nuestra familia allá. Llegaban a su fin los paseos y mi vida se tornaba solitaria. Nos despedimos en el aeropuerto los cuatro: mi hijo, ellos y yo, con lágrimas en los ojos y un fuerte abrazo grupal. Dijeron que algún día, en un punto del planeta, nos volveríamos a ver, fue una promesa; atrás quedaban las aventuras, las risas, la complicidad, compañía y soporte. Adiós, queridos amigos. Desaparecieron en policía internacional.

Desde ese momento, no pasó mucho para que todo estuviese listo y así despachar los documentos de la aplicación a la visa. Había sido un periodo duro con muchos cambios y ya estaba por culminar. Eso hasta que tres días antes de enviar todo, la vida me dio otro golpe, aunque en esa ocasión, no supe interpretar las señales. Luk había desaparecido; lo llamé y texteé dos días enteros, pero nada, su teléfono estaba apagado. Fui a buscarlo a su casa, nadie sabía de él, se había esfumado. No entendía nada, pero ¿qué más podía hacer? De nuevo tendría que decidir: ¿enviaba la documentación o no? Algo me decía que no, pero lo hice igual. No se pueden tomar decisiones cuando una está angustiada.

Pasaron dos semanas e inmigración pedía más pruebas, más fotos nuestras, con su familia e hijos, cartas de sus familiares. Me daban cinco días para reunirlo todo. Tomé coraje y fui a casa de su exmujer, cuando llegué, salió su hijo mayor y me explicó que su madre estaba muy mal. Le pregunté por Luk y me dijo que no sabían nada de él hacía semanas. Su madre no podía ayudarme porque estaba muy mal de salud. Llegó el quinto día y no me quedó más remedio que renunciar a la dichosa visa, no podía reclamar, no tenía más pruebas y Luk seguía desaparecido. Quería mandar todo bien lejos, estaba muy enojada y decepcionada con Luk.

Pronto, tuve que comenzar a tramitar mi nueva visa de trabajo con la nueva empresa, sabía que habría problemas con el salario porque en este tipo de trabajos pagan por masaje realizado y como era una empresa nueva, no te aseguraban nada. Saben cómo manejarlo: te ayudan con la visa, pero lo que ganes no es su problema, a no ser que sea un negocio que tenga tiempo de antigüedad. No tenía chance ni tiempo para buscar otra opción, un par de semanas posteriores, recibí una carta, era de Luk. Decía:

Rosa, espero te encuentres bien, quiero pedirte mil perdones por haberme desaparecido, sé que este periodo debe haber sido difícil para ti… No sé cuándo podré volver porque estoy en prisión.

Sentí un escalofrío al leer lo último, no puso ninguna razón; no sabía si era mejor o peor, mil preguntas cruzaron mi mente. Finalizó con un *te amo y te extraño.*

Traté de encontrarlo en alguna de las prisiones cercanas, pero no lo logré. Continué con mi vida, a espera de mi nueva visa de trabajo.

El Príncipe

Una aparente nueva etapa comenzaba. Durante ese tiempo rutinario y de dificultades económicas, traté de buscar alguna alternativa que pudiera darme dinero extra, aunque con un horario de lunes a sábado de nueve de la mañana a nueve de la noche, era bastante difícil.

Un día, llegó un joven de la India a hacerse un masaje; el flechazo fue inmediato, era unos años más joven que yo y conversamos toda la hora. Le encantó el masaje y dijo que en dos días se iría de viaje, pero que estaría de regreso en unas semanas y cuando estuviera de vuelta, pediría una hora solo conmigo. Se fue, pasaron semanas y un día, mi jefa me dijo que alguien había pedido un masaje conmigo. Le dije que tendría que esperar, no sabía quién podría ser y estaba ocupada; hasta que entré a la cabina y vi su cara, sonreí.

—Hola, has vuelto de tu viaje.

—Sí, vengo ansioso por tus masajes.

Me sonrojé. Esa vez conversamos menos porque él quería disfrutar del masaje, pero antes de terminar me elogió diciendo que había sido la mejor y que vendría seguido; así ocurrió, lo veía cada semana, la atracción crecía y conversábamos mucho entre sesiones. Algunas veces, me daban ganas de tirarme a sus brazos; era muy respetuoso y ya se había hecho habitual al terminar el masaje despedirnos con un abrazo gigante, que duraba por lo menos un minuto. Mi corazón latía rápido en esos momentos, era una conexión mágica del alma. Pasaron unos meses, nos hicimos muy cercanos; un día, le dije que estaba haciendo masajes en mi casa los días libres y si quería, podía ir allá. Me pidió la dirección y, curiosamente, vivíamos muy cerca. Para mí era como un príncipe de la India. Delgado, alto, con un gusto extraordinario para vestirse, muy educado, amable, sensible y siempre sonriente. A veces, sentía que era como un amor prohibido.

Se acercaba mi cumpleaños, le conté y dijo que estaría fuera de Nueva Zelanda, viajaba mucho por trabajo.

Para mi sorpresa, me escribió la tarde antes de mi cumpleaños para preguntar si estaba disponible y, de ser así, si no me molestaba hacerle un masaje un día antes de mi festejo. La verdad, yo era feliz cada vez que lo veía, así que por supuesto dije que sí.

Llegó en la tarde noche, después del masaje, mientras nos abrazábamos como de costumbre, me dijo:

—Feliz cumpleaños anticipado.

En ese momento quise lanzarme a sus brazos y besarlo, pero me contuve. Me dijo que había traído algo para mí y que esperaba que me gustase, eran dos botellas de vino tinto chileno; él sabía que era fanática y, sobre todo, del proveniente de mi país. Abrí una, comenzamos a beber y conversar, nos reímos mucho. De pronto, vio la hora: eran las once de la noche. Pensé que se marcharía, era tarde, pero siguió conversando. Estaba esperando a las doce, yo estaba con muchas copas de más. Llegó la hora y se acercó, mirándome fijo con la mirada intensa, una que solo tienen los indios, de ojos negros, profundos y brillantes, que parecen dos estrellas luminosas. Me abrazó fuerte y me susurró al oído:

—Feliz cumpleaños.

Sentí que me derretiría, mi corazón latía a mil por hora, puse mi frente en la suya y no pude contenerme más: me lancé a sus brazos y lo besé. Por alguna razón, después de eso, terminé bailando striptease en mi pieza.

La pasión nos llevó a las sábanas, sus besos y caricias eran como un mar que se desbordaba; estaba contenida hacía tanto tiempo, que puse rienda suelta a la imaginación y en llamas, me entregué a él sin ataduras, entre delicados y a ratos bruscos movimientos. Mi cuerpo se dejaba llevar. La vista se me desvió hacia su virilidad, pude notar que era muy distinto a otros, pues como los continentes, todos son tan diferentes. La pasión era como un gran océano en el que las olas se asomaban con intensidad para luego retirarse. Nos dormimos al amanecer, después de hacer el amor como los dioses, entrelazados en un instante sagrado. Luego de estar un tiempo inactiva, la pasión era desbordante; locura, amor, imaginación.

Al día siguiente, estaba entre las nubes, tan feliz, pero no supe de él hasta la semana siguiente para su masaje habitual, y fue como siempre, solo que ya comenzaba a quedarse después. Así fue durante un tiempo, hasta que la mente me comenzó a perturbar con preguntas: ¿por qué no hablábamos? Y como siempre, una se responde sola, con un sin fin de hipótesis creadas por la mente.

Un día, al terminar el masaje, lo fui a dejar a la puerta. No nos quedamos juntos. Los masajes posteriores fueron muy extraños, ninguno volvió a hablar de lo que había pasado. Cuando terminaba de hacerle masajes nos dábamos los mismos abrazos, pero yo lo conducía hasta la puerta. Lo nuestro se enfrió, él comenzó a viajar más y venía menos a casa.

Cambios

Las cosas en el trabajo estaban de mal en peor; las relaciones laborales tensas, aunque la manera de ser de los asiáticos en general es bien cerrada y fría. Yo me rehusaba a trabajar como esclava, esta señora nos exigía llegar antes de las ocho de la mañana a nueve de la noche, y como vengo de una cultura diferente, expresaba mi descontento; no podía llegar a esa hora porque vivía muy lejos y, además, nos pagaban por masaje y no por hora. Tenía un hijo al que con esos horarios no podía ver. Ella, en cambio, era una persona que estaba casi todo el día ahí, dormía en ese mismo lugar y tenía una hija con la que se llevaba muy mal. Pasaba casi la mayor parte del tiempo acostada, su régimen era muy dictador, mis colegas no decían nada, estaban totalmente sometidas. Ellas tampoco tenían su familia en Nueva Zelanda, hacían contratos por dos años y trabajaban los siete días. Para mí era imposible y además, muchas veces, pasaba las horas esperando que me dejaran hacer algún masaje.

Una vez se me quedó un poco de arroz en el plato, no alcancé a comerlo y lo dejé ahí. Al día siguiente, al llegar a las nueve de la mañana, me preguntó.

—¿Lot, este plato es tuyo?

Le respondí que sí y me dijo que en su cultura la comida no se botaba, así que me la tenía que comer. Le dije que en mi cultura no se comía a las nueve de la mañana arroz: "Entonces ve y dásela a los pajaritos", y escuché las burlas y risas de mis colegas. Me sentí muy humillada, pero aproveché la situación para no llenarme de ira y salí, aunque antes pasé a tomar un café, conversé con la dueña del local y fui a la plaza. Ahí di la comida a los pajaritos y me senté a analizar con tranquilidad los hechos. Tomé aire, pensé en la manera de liberarme del trabajo… y se me ocurrió una excusa que era un poco verdad y un poco mentira.

Regresé con una actitud que las dejó desconcertadas, cantando canciones en español. Fui a la sala de espera, decidí adoptar esa actitud todos los días, fue muy divertido. A los siguientes, ellas hicieron lo mismo. Me puse a buscar información acerca de pensamientos positivos, apareció Sergio Fernández, mi primer mentor, máster de emprendedores. Eso me ayudó a no decaer, eran tiempos duros. Daban las citas, por lo general, arreglaban todo a su favor y yo partía con mi primer masaje en la tarde. Fue entonces que se me ocurrió decirle a mi jefa que me diera permiso para estudiar, pues casi siempre comenzaba a las dos a trabajar. Le dije que era un curso intensivo, de todos los días, y acepté, lo que me permitió buscar otro trabajo. Fui en busca de mi maestra, quien me había enseñado los masajes tailandeses. Le conté la situación y me dio trabajo para dos mañanas. Busqué, por otro lado, a un joven doctor de acupuntura de Corea. Era educado, sensible y refinado, muy buena persona. En estos lugares se trabajaba en negro, lo que me permitía comenzar a generar dinero. Poco a poco, la vida se me fue arreglando. Llegó Navidad, mi jefa me dijo de un día para otro:

—¿Sabes?, hay muy poco trabajo, te volveremos a llamar cuando esté más ocupado.

Eso fue para mí una gran oportunidad, podría reinventarme. Muchas veces, vemos ciertas situaciones como

desfavorables, pero son una verdadera posibilidad de rein-
vención.

Mi madre me anunció que vendría a visitarnos, así que
estaba feliz de tenerla conmigo después de dos años, pero a
la vez sentía un poco de presión, estaba muy inestable en el
trabajo todavía.

Aproveché mi libertad al máximo. Le propuse a dos
amigas la idea de una empresa a domicilio con masajes y
clases de baile. Les gustó, nos pusimos a trabajar en el
nuevo proyecto. En febrero del 2017, junto con la llegada de
mi madre, abrimos la empresa de masajes a domicilio Belle
Contour Mobile Spa, comenzaba un año muy importante
para mí. En diciembre, antes de Navidad, recibí un nuevo
llamado de Luk. Me contó que le habían dado arresto domiciliario, salió antes porque su esposa había fallecido. Estaba viviendo con sus hijos por un tiempo, el gobierno les
había facilitado una casa temporal para que estuviera con
ellos en la transición del fallecimiento de su esposa para
darle apoyo a los niños.

Me preguntó si podía ir a verlo, yo tenía muchos sentimientos encontrados, quise alejarme por completo, pero
André insistió en que le diéramos otra oportunidad, así que
fuimos después de Navidad a visitarlo. Fue extraño encontrarlo así, en esas circunstancias: con un brazalete en el pie,
sin poder salir de casa.

Cuando llegamos, nos tenía obsequios. Sus hijos estaban ahí, me daban mucha pena; eran jóvenes aún, necesita-
ban de su madre. Luk no era precisamente el mejor
referente, al pasar las horas, me di cuenta de que había
vuelto al alcohol, bebía todo el día y lloraba mucho. Sentí

una gran tristeza por él. Lo comencé a visitar de vez en cuando, pero lo veía muy mal siempre. Un día, nos citó porque tenía algo importante que decir. Comenzamos a conversar, dijo que había regresado a la iglesia cristiana y estaba orando mucho. Yo lo veía en un estado casi de locura, bebía demasiado, lloraba todo el tiempo y sus conversaciones, a ratos, eran muy incoherentes. Dijo que tenía que confesarnos algo, nos contó que las veces que había estado en prisión había sido por robo: clonaba tarjetas de crédito. Fue ahí que comencé a hilar todas las cosas, las tantas veces que nos invitaba con todo pagado, los diferentes autos en los que llegaba, los regalos, las cenas con todo pagado. En fin, le pregunté por qué lo había hecho y por qué no me lo había contado. Dijo que gran parte de lo que robaba lo daba, que nos ayudaba a nosotros y a otra gente, y que no me lo había contado porque sabía que yo me alejaría si lo hubiese sabido. También que me amaba, que no quería estar lejos de mí.

Terminó proponiéndome que nos mudáramos a su casa, mi madre venía y así yo podría ahorrar. Me sugirió que devolviera mi casa. Para ser honesta, esto me produjo mucha desconfianza, pero mi hijo insistió en darle una nueva oportunidad. Regresé a casa y hablé con mis inquilinos, les dije que se tenían que ir. Pasaron los días y no tenía noticias de Luk, así que lo llamé y le pregunté si todo estaba bien porque yo ya había desocupado una de las piezas. Medio tartamudo, me pidió mil perdones, dijo que no sería posible que yo me mudara a su casa.

Tuvimos una gran discusión porque ahora mis gastos aumentarían, pues tendría que cubrir el arriendo de las personas que se habían ido. Pero sus actos y respuestas eran muy erráticas, él no estaba bien... Me dijo que no me preocupara porque tenía un plan b: se mudaría a mi casa. Lo encontré una locura, pero llegaba mi madre, no tenía otra alternativa.

Luk llegó de sorpresa, sin aviso. Un día, de regreso a mi casa, pasé a buscar a André y cuando estábamos llegando, la puerta estaba entreabierta y la luz del comedor prendida. Me asusté mucho, pensé que habían entrado ladrones, pero era él, que había abierto la puerta como un delincuente. Estaba en el patio con un primo, borracho, con su equipaje; su llegada era para mí más bien un problema. Comencé a odiarlo, su presencia me alteraba mucho, se estaba convirtiendo en un hijo mal portado.

Llevó sus cosas a la pieza, al día siguiente le dije que mi madre llegaría en cuatro días. Le exigí dejar de beber en mi casa, mi madre había sufrido mucho con mi padre alcohólico y no tenía por qué ver estas cosas, entonces me prometió hacerlo cuando ella llegara. Sus horarios eran muy extraños, se levantaba a las cinco de la mañana, tocaba la guitarra y luego oraba; nos preparaba el desayuno, siempre trataba de complacernos cocinando algo delicioso. Como un hombre muy activo, imagino lo difícil que era estar todo el día encerrado. Cocinaba y limpiaba la casa, hurgueteaba cada rincón, tenía una actitud medio psicópata a veces, en especial si yo regresaba más tarde, porque me esperaba a cenar cada noche. Así que también tuvimos discusiones acerca de eso, tuve que marcar los límites un día y explicarle que yo era su amiga, no su esposa, y que no podía controlar mis horarios porque era soltera, no tenía que dar explicaciones, salvo a mi hijo. Se enfureció, estuvimos varios días enojados; un día antes de que llegara mi madre, llamaron a la puerta, era la policía que lo buscaba. Los dejé hablando solos y cuando se fueron, lo noté muy perturbado. Le pregunté qué querían, me inventó una mentira que obvio no creí, pero ellos dejaron una carta que encontré tirada, había bebido tanto que la olvidó. Decía que debía regresar a prisión, uno de los cargos era por irse a mi casa sin avisar, pues estaba con arresto domiciliario. Le increpé, pero volvió a mentir, dijo que no me preocupara, que él estaba con abogados, eso era un error. No quise seguir en plan de discusión, mi madre llegaría al día siguiente.

Cuando fuimos a buscarla al aeropuerto, la recibí con un abrazo lleno de lágrimas, que duró por lo menos cinco minutos, no paraba de llorar. Al regresar a casa, Luk nos esperaba con un gran desayuno. Estábamos muy felices, era muy divertido porque él hablaba en inglés y ella no entendía nada, por supuesto. Además, cada vez que podía la abrazaba. Disfruté a mi madre como nunca, la llevé a pasear a muchos lugares, estaba maravillada con Nueva Zelanda. Pero también veía las tensiones entre Luk y yo; no entendía el idioma, pero sabía cuándo discutíamos. Un día, le conté todo lo que había vivido en esos dos años sin ella. No podía creer todas las historias. Un mes después de su llegada, la convivencia con él se hizo intolerable. En una ocasión peleó con mi hijo, y en ese instante sentí que era momento de que se fuera. Le dijo unas groserías, yo salí en su defensa, todo se puso muy feo. Sentí que Luk estaba descontrolado, puse fin a la discusión porque presentí que si seguía ahí, me levantaría la mano.

Al día siguiente, cuando estábamos más calmados, le pedí que se fuera porque de lo contrario, nuestra amistad se acabaría. Dije que las cosas se estaban saliendo de control y le di dos semanas. Él aceptó, pidió los mismos perdones de siempre, pero esta vez no fue necesario, pasada una semana, se arregló y despidió, dijo que tenía hora en la corte, que llegaría en la noche, pero su despedida fue especial. Nunca más regresó, dos semanas después recibí una nueva carta, avisando que lo habían detenido otra vez, que le habían hecho cargos injustos, etc. Fue un gran alivio para mí, aunque igual me dio mucha lástima.

Así inició una nueva etapa, el negocio comenzó a crecer, mi madre estaba a mi lado y parecía que las bendiciones esperadas por fin llegaban. Tuve un reencuentro con el príncipe, aunque solo fue de una noche, pero disfruté mucho, seguía queriéndolo.

Era Abril cuando un llamado telefónico me puso en aprietos otra vez, se trataba de mi jefa, la que me había gestionado la visa. Me pidió regresar, también se iba mi madre; esas son las encrucijadas que la vida te pone, siempre tenemos algo que decidir y muchas veces hay que arriesgarse. Le dije que yo continuaba estudiando inglés, que mis clases aún no terminaban. Negocié mi regreso a tres tardes a la semana. Yo continuaba con mi pyme y cada vez tenía más clientes, estaba muy feliz…

Llegó Mayo, mi madre se fue. Habíamos hecho muchas cosas juntas, fueron unas vacaciones geniales para ella y para mí, una bendición, disfruté a concho y André también. El día que regresé a trabajar sentí que era una prisión, pasaron varios meses y por el tiempo que trabajaba allá, no podía atender a los clientes de mi pyme. Lo único curioso de aquella época, fue que un día que pasé por la sala de espera de los clientes a buscar un lápiz. Para mi sorpresa, venía llegando el muchacho kiwi de encuentros fogosos, quien había cambiado de tienda de masajes. Al verlo, pasé rápido para que no me viera, pero fue imposible, estaba ahí mismo. Hice como que no lo había visto, salí de la sala cautelosamente, casi escondida, pero llegó mi jefa y me dijo:

—Un cliente allá afuera dice que lo has atendido, pidió hora contigo.

—¿Ah, sí? —dije—, era cliente mío en otro lugar y lo dejé de ver.

Entré a la sala y comenzamos a hablar.

—Hola, ¿dónde te fuiste? Te busqué en la otra tienda varias veces, pero me dijeron que ya no trabajabas ahí.

Me sonrojé.

—Sí, me cambié de trabajo, estoy aquí ahora.

Él seguía igual de guapo. Comenzó a hablar en español para que nadie supiera lo que decía. Empecé mi masaje, pero él me tomó desprevenida y me besó, yo me puse muy nerviosa y le dije que ahí no, porque era mi lugar de trabajo. Sin embargo, todo se puso acalorado. La atracción entre los dos era muy fuerte, yo pensaba: "abrirán la cortina y nos pillarán".

Comenzó a venir todos los días, siempre pedía hora conmigo y si yo estaba ocupada, esperaba. Distingo claramente cuando algo es pasajero y entretenido, pienso que una historia de locura no está del todo mal, mientras tengas claro que es solo eso.

Lo prohibido de estar tan encendidos y que abrieran la cortina nos terminó gustando a los dos, había veces que llegábamos muy lejos, pero siempre quedábamos solo en eso, en mucha pasión porque dentro de mi locura tenía que guardar un cinco por ciento de compostura, ya que no había puerta, vivía el momento y eso era todo.

La partida

Era agosto, jamás olvidaré ese día: regresé de trabajar una noche de invierno, no tenía internet en casa, pero igualmente ingresaba a Facebook para revisar alguna novedad, leí una noticia que me marcó profundamente. Yo tenía en Chile un gran amigo, el mejor… No había alguien tan lleno de vida, humor, sensibilidad e incondicionalidad como mi gran amigo Héctor. Mucha gente había escrito, enviando un mensaje de despedida. Leí la fecha y hora de su funeral, mi corazón estaba roto, no podía creerlo. Lancé un grito aterrador de desgarro, no entendía nada, no me habían contado nada. André llegó corriendo a mi pieza.

—¿Qué pasa, mamá?

—Mi amigo Héctor, hijo, dice acá que falleció… No lo creo, no puede ser cierto. —Y gritaba como una verdadera loca. Salimos de casa para verificar la noticia. Era cierto, un cáncer se lo había llevado. Sentí tanto dolor, mi amigo del alma había partido y yo no me despedí. Pedí a André que me llevara a la playa urgente, era de noche y había luna llena, cuando puse un pie en la arena, estábamos completamente solos, pude gritar desgarradamente y llorar sin consuelo. Mi hijo me abrazaba, caminé por la arena a la luz de la luna, me tiré en la arena y me revolqué de dolor, consumida en tristeza. Pasaron unas horas, tenía mi corazón completamente roto. Estaba muy enojada con él, le grité, no me había contado lo de su enfermedad. Sentía tanta pena por no haber podido despedirme, haberlo abrazado, que viví en ese momento lo que a todo el mundo, tarde o temprano, tiende a pasarle: la partida de un ser muy querido. Todos los recuerdos se me cruzaban por la cabeza, como cuando me fue a dejar al aeropuerto el día que salí de Chile, la última vez que lo vi.

André me consolaba.

—Ya no sufre, mamá —me decía—, está mejor ahora.

Yo más lloraba. Antes de volver a casa, me despedí y le prometí ir a verlo cuando fuera a Chile. Durante los siguientes días me cuestioné muchas cosas, ¿qué pasaría si mi madre tuviera que partir? Le escribí a todos mis amigos y familiares expresando mi cariño; nos olvidamos de decir te quiero y extraño, a veces, a nuestros amigos y familiares. Me costó mucho reponerme, pero tuve dos consuelos que me dejaron un poco más tranquila; él vino a visitarme en mis sueños, la primera vez me contó que había sufrido mucho, pero que estaba bien. La segunda fue mejor, se veía radiante de alegría, le pregunté si sabía cuánto lo amaba, me dijo que sí y me abrazó muy fuerte. Desperté tan feliz y agradecida de que me visitara y contara que estaba bien.

Al poco tiempo de esto, un gran regalo vino a mi vida. Hubo un curso de reiki que llegó en esos precisos momentos y que me ayudó mucho con mi pena… Esos meses fueron una montaña de sucesos y emociones.

Llegó a mi casa un nuevo inquilino brasileño, con quien me involucré sentimentalmente en una relación no muy larga, quien me hizo entender que aún no me sanaba cien por ciento de la relación con el padre de mi hijo. Con él abrí mucho mi mente en relación a André. Brasil, a pesar de estar en Latinoamérica, es súper diferente; son más permisivos, desinhibidos, hasta ese entonces yo no dejaba a André quedarse a dormir fuera de casa, pero entonces él me decía que los hombres eran más libres (un poco machista su opinión) y que soltara, entonces me acompañaba a dejar a André a casa de sus amigos, donde comenzó a quedarse a veces. Cedí un poco y obvio, tenía que sembrar la confianza que estaba destruida después de todos los acontecimientos que habían pasado. Él siempre abogaba por André, nuestros encuentros amorosos tenían cabida cuando todos dormían. Siempre trataba que los demás inquilinos no se dieran cuenta de lo que estaba pasando, tampoco quería que André nos encontrase en mi habitación a la mañana siguiente, pero más de una vez me quedé dormida en el dormitorio del inquilino y André nos pilló. Dentro de todo, me regaloneó bastante con comida, pues salía a pescar y llegaba con tiburones medianos, los que cocinaba para mí. Al principio, todo muy bien. Yo no tenía mucho tiempo en ese momento para dedicarle a la relación, él pasaba solo, yo trabajaba más que nunca. En las noches, después de un tiempo, solo deseaba llegar a dormir y él, con sus actitudes, me recordaba mucho al padre de André. Ya no era un *partner*, las cosas en mi vida estaban con muchos tropiezos y obstáculos.

Un día, fui a tomar aire a mi playa favorita y a conversar con mi amigo fallecido, eso me hacía muy bien. Al regreso, encendí el auto, pero andaba a ratos, se le subía la temperatura a mil. Me encontró una patrulla de policías, me ayudaron y remolcaron hasta la casa, me quedé sin auto, mi herramienta de trabajo, y llegué a casa muy afligida. El brasileño me prestó el suyo, pero solo un día. Luego, me conseguí otro con el matrimonio chileno, quienes siempre estuvieron a mi lado, hasta el día en que me vine; era una incondicional y desinteresada amistad, de mucha ayuda hacia mí, muy leales y comprensivos, pero al poco tiempo tuve que regresarlo; no tenía los papeles necesarios para conseguir un crédito y comprar otro, estaba demasiado tensa, le volví a pedir ayuda al inquilino que era mi pseudo pareja, me dijo que no podía; toqué varias puertas, el auto antiguo no tenía arreglo, supe de una compraventa de autos a la que llegué con un nivel de estrés muy alto, pues en ese momento no contaba con muchos ahorros ni nada para optar a un crédito, por ende, no podía trabajar sin un auto, por la camilla. El hombre que administraba el local me vio tan mal, que al poco rato de contarle mi situación, exploté en llanto.

El universo se abrió y por el impacto entré en negro... no me acuerdo de nada más, hasta que llegué a casa y André me remeció preguntando qué tenía. También me dijo: "Qué lindo el auto que escogiste". Yo no me acordaba, le pregunté qué había pasado, rio.

—El tipo fue muy buena onda, te dio un crédito y te llevó a escoger un auto, mañana te lo viene a dejar él mismo.

No podía creerlo, en ese momento analicé en profundidad mi vida y a quienes tenía a mi lado, sentí un inmenso amor hacia mí misma, me di cuenta de que me quería lo suficiente para tomar la decisión y decirle al inquilino: "Sigue tu camino". No fue muy fácil porque vivíamos en la misma casa, pero cuando tenemos las cosas claras y nos queremos, somos capaces de cortar algo que no va para ningún lado. Ese fue el último tiempo en que las cosas no anduvieron muy bien.

Australia

André viajó después de tres años a ver a la familia y a su padre. Yo aproveché de comenzar con el negocio full time, pero antes me di un regalo: viajé a Australia de vacaciones con una amiga. Nos encontramos en Sídney, para continuar al desierto a Uluru, donde habitan los aborígenes de la zona, llamados anangu. Al ser un rincón sagrado para ellos, debe ser respetado, pues no quieren que los turistas suban la montaña. Había planeado conocer los chacras de la tierra, comencé por este lugar, la montaña roja de Australia es un símbolo del país, un verdadero regalo de la naturaleza. Desde Sídney, abordamos nuestro siguiente vuelo a Alice Springs, el pueblo más cercano a Uluru, también nombrado como Ayers Rock, en honor al primer occidental que vio la montaña.

Pasamos unos pocos días en ese pueblo, donde conocimos a los aborígenes. La temperatura alcanzaba los cuarenta grados, era imposible salir después de las once de la mañana porque el sol del desierto lo impedía, entonces tratábamos de bajar el calor en la piscina del hostal, y cuando ya comenzaba a atardecer, íbamos al pueblo a beber algunas cervezas y conocer a la gente que trabajaba y vivía ahí, aparte de los aborígenes. El pueblo era muy pequeño, no daba para estar más de tres días. Luego arrendamos un auto y continuamos con la aventura, conduciendo seis horas para llegar a nuestro destino. No sabíamos dónde podríamos dormir, tampoco teníamos equipamiento como carpas o algo; cada momento era una odisea, el calor insoportable.

El viaje era en medio del desierto, algunos canguros y culebras gigantes se cruzaban en la carretera.

Llegamos alrededor de las seis de la tarde al parque nacional, cuando entramos y estacionamos fue la hora per-
fecta para el atardecer, momento en que el sol comenzaba a
esconderse y los colores mágicos que se reflejaban en las
montañas se volvían un verdadero espectáculo; la montaña
en un momento quedó con un rojo ardiente, completamente
iluminada. Debo reconocer que siempre se me abre el cha-
cra del corazón al máximo; el cielo absolutamente despe-
jado y, frente a mí, la brisa que rozaba mi cara. El inmenso
macizo de colores mágicos, momento justo en que un grupo
de aborígenes estaban haciéndole un ritual a la madre tierra.

Sagrados momentos en el silencio del desierto, me
senté en la tierra roja, cruzando mis piernas en posición de
loto, deleitando estos instantes de paz absoluta en conexión
con la divinidad que hay en mí. Pronto comenzaría la lluvia
de estrellas en ese extraordinario cielo azul, abandonamos
el parque cuando la luna ya brillaba; llegamos a un cam-
ping. Pusimos el auto y nos acomodamos en su parte tra-
sera, con algunas colchonetas y frazadas, dejamos la maleta
abierta. Esa noche me dormí viendo una extraña estrella,
que me mantuvo hipnotizada hasta las cuatro de la mañana.

A la mañana siguiente, muy temprano, comenzamos
nuestro recorrido por el parque Uluru-Kata Tjuta National
Park, bordeando el macizo, en una caminata que duró algunas horas, con un sol impresionantemente fuerte, formaciones rocosas alucinantes, treinta y seis cúpulas altísimas,
hasta grietas increíbles, pinturas de arte rupestres. Ese lugar

es una bodega de gran significado espiritual, pues es parte de los lugares donde muchas historias de la creación convergen; en esos momentos en que solo te puedes conectar con el silencio. De pronto, encontramos un pozo con agua cristalina llamado Kapi Mutitjulu, comencé a sentir mucha presencia de seres, fue tan fuerte la emoción, que comencé a llorar porque algo muy divino estaba en ese lugar. Conecté muy agradecida, mi cuerpo estaba ahí, pero mi alma en alguna otra dimensión. Al poco rato, regresé del viaje astral y caminé alrededor del lugar. Supe que ahí las mujeres daban a luz para los aborígenes, en un lugar muy sagrado. Al día siguiente, nos aventuramos en ir a The Olgas (Kata Tjuta). Para ellos, este grupo de formaciones rocosas, con treinta y seis cimas, representa a la mujer y Uluru el hombre. El tercer día hice una excursión en el Kings Canyon, un *trekking* impresionante, en algunos momentos pensé que estaba en Marte... Muchas escaleras rodean este lugar, me encontré con riachuelos, jardines, canguros y hasta anduve en camello. Cabe destacar que la cultura aborigen se remonta a más de cincuenta mil años, mucho antes de Stonehenge, anterior a las pirámides y más antiguo que Acrópolis.

Este es un mundo donde el pasado, presente y futuro se encuentran. Los pueblos aborígenes creen que sus espíritus ancestrales emergieron de la tierra y el cielo. La verdad, al verlos, uno se remonta al pasado, su fisonomía es muy parecida a los monos, tienen su propio lenguaje. Son unos seres muy curiosos.

En este viaje estuve en contacto con animales como los koalas y canguros, también me encontré con culebras, camellos… Sin duda, una experiencia inolvidable.

La energía que otorgan estos lugares son imaginables, aproveché para hacerle reiki a la montaña roja, la sensación térmica que tuve en mis manos me dejó sin palabras; quedaron totalmente encendidas, como fuego, llegaba a ser incómodo, en la noche no pude conciliar el sueño por lo ardientes que aún las sentía. El calor duró alrededor de tres días. Mi regreso a Nueva Zelanda fue cargado de positivismo, dicha y felicidad.

Emprendiendo

En el trabajo, un día mi jefa me dijo que tendría que regresar a tiempo completo, fue una pésima noticia. No sabía qué haría, lo único que se me ocurrió fue pedir vacaciones. Me las dieron, tenía un mes para decidir qué hacer, mientras transcurría el tiempo, sentía una gran presión porque mi negocio estaba en crecimiento. Por otro lado, esta mujer me había dado la visa. Si regresaba, ya no podía seguir con mi proyecto. En septiembre fue mi cumpleaños y me fui a una montaña; siempre que me siento angustiada, la naturaleza es mi vía de escape donde puedo conectarme. Fue lo mejor, sentí desde mis entrañas que ya no debía estar ahí, aunque corría el riesgo de que inmigración me pillara y todo se acabara, tendría que volver a Chile.

Decidí tomar el riesgo, conversé con mi hijo y él me apoyó, la decisión estaba tomada. Regresé donde mi jefa y presenté mi renuncia, me sentí libre otra vez, traté de buscar un nuevo empleador, pero no pude conseguir nada. Cuando la vida tiene que enseñarte algo, todo te lleva a ello. Yo no sabía en qué terminaría esta suma de acontecimientos, tal vez, en ocasiones tomamos malas decisiones, pero todo es por algo, nada ocurre al azar.

Tenía dos años de visa, había pasado uno y entonces se me ocurrió poner la empresa legalmente, pedir una oferta laboral por medio de esta, pero no podía inscribirla, tenía que ser una persona residente allí. Busqué dentro de todos mis contactos, no era fácil pedir algo así, hasta que el universo se alineó y encontré a alguien que me tendió una mano sin pedir algo a cambio, con la condición de que, terminado el trámite, ella se salía del asunto.

Fue un tiempo de muchos sacrificios en Nueva Zelanda, los impuestos son caros. Pronto, las exigencias fueron mayores, yo continuaba creciendo y tuve que tomar a más masajistas. También logré crear una sucursal en otra ciudad, así que viajaba cada tres semanas. Sin querer, me volví esclava de mí misma, pero la situación económica estaba dando frutos. André trabajaba conmigo, trasladaba a las otras masajistas. El negocio se hizo conocido, tenía muchas clientas que se transformaron en personas muy queridas; cuando me sentía muy cansada, me desaparecía para tomarme un fin de semana y nos íbamos a recorrer algún lugar nuevo con André. Él conoció a una chica y se puso a pololear, era una buena muchacha, bastante inteligente, trabajaba y estudiaba.

En Nueva Zelanda, la crianza es muy diferente, aparte de ser usual que los jóvenes se vayan de sus casas desde los dieciséis años, muchos también trabajan desde esa edad, después de clases. Yo estaba por enviar toda la documentación requerida para la nueva visa, full trabajo, y comencé a estudiar inglés.

Pasó un año más, en septiembre del 2018, para el día de mi cumpleaños, tenía mucho trabajo, estábamos las tres masajistas llenas de clientas. A mediodía, André iba a dejar a una de ellas, al llegar a la dirección se dieron cuenta de que era un restaurante. Entonces me llamaron para contarme acerca de esto, les pedí que contactaran al cliente para saber si ellos estaban en el lugar incorrecto. A la media hora, sonó el teléfono otra vez, André me dijo:

—Madre, no sabes qué pasó. Me comuniqué con el cliente y me dijo que estaba llegando, cuando vi quien era, no lo creerías… Era Luk, venía con un ramo de flores pensando que eras tú y había reservado una hora de masajes para verte, pero era un restaurante, te quería dar una sorpresa.

No supe si enojarme o qué, pero a la vez, esas cosas que él hacía me terminaban por hacer cambiar de opinión. Reservó un lugar para cenar esa noche y me pidió que fuera. Entre mis dudas y la cara que puso André, acepté. Nos encontramos en la ciudad, junto a la novia de mi hijo. Cuando lo vi, todo era igual, tenía copas de más, cenamos y después fuimos a caminar a la playa. Le hablé muy sinceramente, también duro; le expliqué que yo lo sentía más que un amigo, un familiar cercano. Que yo siempre le había hablado con la verdad, que entre él y yo nunca habría más que una relación de hermandad, que me había decepcionado mucho con todas sus mentiras y por eso había decidido sacarlo de nuestras vidas para siempre.

Él se excusó como siempre y me pidió perdón, fui muy clara en decirle que si volvía a robar o a fallar, nunca más en la vida hablaría con él; me dio su mano y lo juró. Le dije:

—Luk, siempre estás entre el bien y el mal, tienes que ser fuerte esta vez, porque están tus hijos solos, tu lucha con el lado oscuro es potente y tienes que comenzar con un tratamiento para el alcohol, tienes que aceptar que necesitas ayuda en esa área.

Él quedó en silencio un rato, insistió en que cambiaría, "confía en mí", decía.

El proceso

Pasaron unos días, Luk le dio trabajo a André y de nuevo trasladaba terapeutas mientras yo hacía masajes. Éramos un buen equipo, su apoyo me parecía incondicional.

Comenzó el proceso de visa, no supe leer algunas señales y hubo muchos obstáculos, pero fue enviada la solicitud y empezó la espera. Pronto llegaría la Navidad del 2018, yo atravesaba un momento de locura máxima: tuve que mudarme de casa dos veces, tenía mucho trabajo y, en ocasiones, nos agendaban hasta seis personas del mismo hogar.

Continuaron mis viajes a otra ciudad, en uno de ellos fui a caminar al jardín botánico de Wellington, un lugar increíble. Al meditar, sentí la necesidad de ver a mi familia y amigos; había pasado cuatro años sin su contacto físico, tan importante para mí, pues soy una persona muy cercana.

El deseo de mi alma fue tanto, que me puse muy nostálgica; creo que en ese momento, inició en mí una fuerte crisis emocional, me sentía muy cansada, mi trabajo me consumía. Era una esclava de mí misma, pues para obtener la visa necesitaba demostrar muchos ingresos.

Llamé a André, quien se hacía cargo cuando yo viajaba, y le comenté mis deseos de ir a Chile. También le pedí que fuera a buscarme para estar dos días juntos. Cuando llegó, salimos a pasear. Le mostré la ciudad, su belleza, y me dio una gran noticia: con Luk me habían comprado un pasaje a Chile. Mi alegría fue tal que no paraba de llorar. El problema era que el viaje tenía fecha fija y el resultado de mi visa aún no se sabía. Al llegar a Auckland, comencé a averiguar cómo estaba todo, pero no había rastro que seguir, al parecer no tendría una respuesta pronta, se acercaba Navidad e inmigración estaba colapsada.

Faltaba una semana para poder viajar y nada, así que corrimos la fecha, pero ya habíamos programado todo, por lo que tuvimos que repensar algunas decisiones, como que André se mudara con su polola mientras yo estaba fuera del país. Al no poder viajar, le pedí que volviera a casa y se negó, se sentía feliz con ella. Lo amenacé con no darle un centavo, pero me respondió que no importaba, podía trabajar más. Entonces asumí el cambio que vivíamos.

Mi reacción no fue la mejor, sentí una especie de traición, no estaba preparada para que se fuera de la casa, no a esa edad. Nuestra relación se fue a pique y yo también, creo que entré en mi periodo más oscuro a nivel emocional. No sabía cómo afrontar y cambiar lo que estaba pasando, además del estrés del trabajo.

No pude viajar cuando quería, había planificado una sorpresa para mi familia y nada resultó. La incertidumbre de la visa y la mudanza de André tenían mi vida patas para arriba. Me sentía prisionera, frustrada y abandonada. Cuestioné un sin fin de cosas, y en simples palabras, tuve una desconexión importante con mi parte espiritual; mis pensamientos negativos me encarcelaron, no veía salida. Pronto sería Navidad, pero me sentía en el infierno.

Luk hacía lo que podía, me apoyaba mucho. André, por su parte, cada vez más lejano. Trabajaba, estudiaba y vivía con su novia, no le quedaba tiempo para compartir. Él, había sido un maestro en muchas etapas de mi vida y esta no era la excepción. Con el paso de los días, reconocí que tenía un poco de celos de su polola, mi relación con ella no era buena, era una chica con muchas carencias y se aferraba a André, tanto así, que lo tomó como propiedad. En eso, tal vez, comenzó una lucha inconsciente de parte de ambas, desde que él tuvo su primer pololeo fue una serie de cambios, tiras y aflojas; cada padre maneja de una manera distinta las relaciones de sus hijos y yo no sé cuál sea la mejor, pero lo que me ha funcionado es la "confianza". Pese a que miles de veces le di demasiada y él falló una y otra vez, cada vez que pensé que era un caso perdido, dio un salto y reaccionó, sorprendiéndome.

Navidad

Llegó Navidad, fue un día de trabajo intenso hasta las dos de la tarde; estaba por completo desconectada de las fechas y André, desaparecido. En la noche teníamos una cena con amigos, no había comprado ningún obsequio, así que se me ocurrió pasar por un mall, pero era veinticuatro de diciembre y no me sentía bien, andaba muy cansada de todo, triste y explosiva, ese día estalló mi alma.

Cuando llegué al mall, di dos vueltas y una sensación de asfixia, nudo en la garganta y mareo me invadió el cuerpo. Tuve unas ganas profundas de llorar, un dolor inexplicable en el pecho. No sabía qué me estaba pasando, me asusté un poco, en general soy muy sana y nunca había sentido algo así.

"¿Qué era todo eso, mi Dios?". Fui atacada por fuerzas oscuras, llamé a André y me contestó que estaba en el cine, que cuando terminara se comunicara conmigo. Como pude, tomé fuerzas y fui al auto, me senté y una ola de tristeza me invadió, lloré mucho, tanto que me dormí; a las horas desperté, pero me sentía igual. Fui a buscar a mi hijo, aunque cuando lo encontré no me escuchó, seguro pensaba que actuaba o alharaqueaba. Le dije que no iría a sitio alguno, mi ánimo no ayudaría a nadie; le pasé el regalo de mi amigo secreto, también le pedí que lo hiciera llegar y pidiera disculpas en mi nombre. Se despidió y me dijo que nos viéramos allá.

Eran las siete y treinta de la tarde, sentía tanta incomprensión y soledad, que escribí un mensaje de disculpas al grupo de la cena. Apagué el celular y apreté el acelerador, me largué rumbo a lo desconocido, pero comenzó a llover de manera torrencial; yo no paraba de llorar. Pasaron muchas horas, la magnitud de la lluvia era tal, que en un momento vi la muerte en el parabrisas. Decidí entrar al pueblo más cercano, antes de que algo fatal ocurriese. Prendí el celular, eran más de las doce y tenía miles de mensajes y llamadas perdidas. Escribí que estaba bien, a salvo y que regresaba en días. Volví a apagarlo.

Había llorado tanto que me sentía exhausta. Reposé mi cuerpo en el asiento de atrás y dormí hasta el día siguiente, no sin antes conversar con Dios; enojada primero, luego exigiendo explicaciones. Al despertar, me sentí mejor, fui a tomar un buen desayuno, quería regalarme lo que creía merecer. Después de mucho andar, encontré un hotel, pero todo estaba repleto en ese momento. Estaba en Rotorua, una localidad muy turística de Nueva Zelanda; visité el lago verde y azul para comenzar un trekking.

El día amaneció radiante, me metí al lago y nadé, caminé cuatro horas, contemplé la naturaleza, hablé con Dios y conmigo para prometer que todo había llegado a su punto máximo; decidí que mi vida tenía que cambiar o terminaría mal. Cuando regresé al hotel, me di un baño de agua caliente y tomé unas copas de vino escuchando buena música. Luego fui a cenar mi comida favorita (tailandesa) y de a poco comencé a recuperar fuerzas. Descansé mucho, me vino muy bien el break, fue justo a tiempo.

Regresé a Auckland después de tres días, André fue a visitarme y pedirme perdón, recién comprendía que no estaba bien. Planeamos un viaje para recibir el nuevo año en la Isla Sur, le dije a Luk que nos acompañara y recibí un correo con noticias acerca de mi visa: me pedían mucha información extra, entre ella, el estado de cuenta bancaria desde hacía dos años. Comenzaron los primeros problemas y las dudas acerca de si me la darían o no.

La liberación

Dejé el negocio en manos de una empleada que trabajaba conmigo y partimos rumbo a la Isla Sur. Lo pasamos increíble, conocimos paisajes hermosos como Nelson, el Parque Abel Tasman, Glaciar Franz Josef, Queenstown. Nos fuimos por la ruta de la costa, fue muy sanador. Luk sentía que era nuestra despedida y yo, de algún modo, también lo creía. Rentamos un auto y recorrimos toda la Isla Sur en tiempo récord.

Comenzamos un año lleno de energías y bendiciones, muy repuestos para la respuesta de inmigración. Me di cuenta de que estaba muy alejada de lo que me hacía feliz, así que al regresar a la ciudad, cambié mi estilo de vida: comencé a trotar muy temprano, nadar en las playas, tomar un desayuno gigante en una buena cafetería, me inscribí en un curso de inglés y retomé mis meditaciones. Mi estado vibracional cambiaba y yo, en cierta forma, había soltado la urgencia por la visa. En el fondo, sabía lo que dirían, ellos investigaban de manera profunda todo.

Llegó una nueva carta pidiendo explicaciones, salió a la luz que me había ido del antiguo trabajo y en las cuentas bancarias se mostraban algunas transferencias hechas por mis clientes, lo que acusaba los ingresos que comencé a generar sola.

Independiente a todo lo que estaba ocurriendo, me sentía muy cansada; llevaba cuatro meses esperando la respuesta, sin poder tomar decisiones de ningún tipo respecto a mi vida. La incertidumbre mataba mi esperanza. Un día pedí una hora para leer mis registros akáshicos, fue muy revelador, la terapeuta dijo que había tenido una vida pasada en Nueva Zelanda, pertenecido a los atlantes y que también con André y Luk habíamos sido hermanos. Me sugirió que escribiera un libro contando esta, mi historia, porque mi testimonio podría ayudar a otros, y me mandó a leer unos decretos para cerrar el ciclo. Fue muy loco, al mismo tiempo que un francotirador mataba a mucha gente en Christchurch en las mezquitas ocurría todo eso. Pero lo más extraño de todo, era que tras repetir innumerables veces los decretos, dos días después mientras estaba en clases, sonó mi teléfono y la agonía terminó; la decisión estaba tomada, inmigración me daba veinte días para dejar el país y como André estaba bajo mi visa, él también tendría que irse.

Fue una puñalada en el corazón, pero también, sentí una sensación de alivio. Era como si me hubiesen sacado una mochila con gran peso de encima. Llamé a Luk, le conté y se puso a llorar; le avisé a André, quedó mudo. Salí de clases, no podía continuar ahí, no sabía qué hacer. En veinte días, tendría que vender las cosas de mi casa y todo lo que tanto esfuerzo me había costado adquirir; avisar a los clientes. Fue un terremoto en mi vida.

No me veía viviendo en Chile de nuevo, si bien es cierto, añoraba reencontrarme con mi familia y amigos, no estaba en mis planes hacer vida allá otra vez. Lo único que se me ocurrió fue trabajar con intensidad los veinte días restantes mientras decidía qué hacer.

El retorno

Los días pasaron rápido, André y yo estábamos como locos; él tratando de cerrar el año escolar antes de tiempo, yo intentando vender lo que tenía. Sentía emociones encontradas, quise irme a otros países antes de llegar a Chile para que el cambio no fuera tan drástico, pero la vida me quería allá, mi pasaporte vencería pronto y no tenía suficiente tiempo para renovarlo. No le conté a nadie de mi país, planifiqué un regreso sorpresa. André pasó su cumpleaños dieciocho en Nueva Zelanda y tres días después, volvimos.

La noche antes de partir me fui a despedir de mis clientes más cercanos. Lo debo reconocer, me quebré; hasta ese entonces me había mantenido serena, pero después de las despedidas, rompí en lágrimas, era muy querida en mi trabajo y yo también les quise mucho. Estaba muy agradecida, me sentía muy orgullosa de las muestras de cariño que me daban, aunque todos repetían que no era un "adiós", sino un "hasta pronto".

Llegó el día, mucha gente fue a despedirnos; era como hacía cuatro años, cuando nos íbamos de Chile para venir aquí. Luk no fue al aeropuerto, le era muy difícil decir adiós, así que se quedó a cargo del negocio.

—Intentaremos regresar.

—Sé que volverán —respondió, con un tono de tristeza inmensa.

En el avión se me cruzaban en la memoria y el corazón los últimos cinco años. Pese a todo, amaba ese país y siempre lo haría; su naturaleza era parte de mí, sus playas solitarias, bosques y parques se habían transformado en mi familia, pues escucharon mis penas y alegrías, mis triunfos y derrotas. Recordaría con amor cada rincón y playa que contenía mis caminatas… Todo lo que me costó formar mi negocio, que llegó a crecer mucho; estaba muy orgullosa de mí misma.

A lo lejos vi a los amigos y polola de André, mirándonos, hasta que los perdí de vista. En medio de emociones cruzadas, suspiré profundo y dije: "Adiós, nos vemos, mi Nueva Zelanda querida".

Llegamos a Santiago… Después de tanto verde y azul, aterrizamos en la ciudad de cemento y con cielo gris por el esmog. Nos recibió una protesta en el aeropuerto, había olvidado todo eso. El padre de André nos pasó a buscar, pero yo no tenía ganas de encontrarme con él, aún guardaba un poco de resentimiento. Así que busqué otra vía para volver, llegué a casa de una de mis antiguas amigas de sorpresa. Casi se murió de la impresión. Más adelante, tuve un reencuentro con un ex amor de antes de irme a Nueva Zelanda: Luis, un hombre muy especial que tenía todas las cualidades que me gustan en un compañero, sin embargo, él pronto se iría a viajar por el mundo, como yo lo haría. Así que solo fue un reencuentro, duró muy poco.

Comenzaba a ser divertido; la sorpresa la repetí con mi familia y amigos cercanos. Lo cierto es que, al principio, no lograba acostumbrarme al regreso. Fui a despedirme de Héctor al cementerio, le llevé flores. Me acompañó un amigo en común, quien me contó detalles de lo que había sido su enfermedad y partida, aunque de vez en cuando me visita en mis sueños y me hace muy feliz. Contacté a algunos de mis clientes antiguos y pronto comencé a trabajar, pero con calma, aún no sabía por qué la vida me había mandado esto. Traté de comenzar otra vez, según las circunstancias que me eran posibles.

Me reencontré con mucha gente, me di cuenta de que me había abandonado; entonces retomé el gimnasio, las meditaciones grupales y el trekking con amigos nuevos de Chile y España. Viajaba de manera frecuente al norte, a ver a mi familia, que se encontraba en Coquimbo, cuarta región; lo que me ayudó mucho a anclarme al país, creo que por el mar.

Con muchos amigos sentí que todo seguía igual, mientras con otros no. A veces, pensaba que no pertenecía ni a Chile ni a Nueva Zelanda ni a sitio alguno. La relación con André estaba muy tensa una vez más, él sufría por los cambios, aunque lo canalizó de otra manera: con las fiestas y malas compañías. Su novia lo había dejado, por lo que creo que su forma de sacar afuera toda la rabia y pena fue esa, bebiendo y asistiendo a fiestas. También era una etapa muy dura para él.

Lo animé a buscar empleo mientras veíamos cómo se daban las cosas; encontró uno, así que eso lo distrajo un poco. Cuando ambos estuvimos trabajando, nos propusimos regresar a Nueva Zelanda como turistas, debido a que el negocio a cargo de Luk comenzaba a fallar. Mi amigo, en ocasiones, estaba bien y, de pronto, perdía la lucidez. Sabía que era porque tenía problemas con el alcohol. Me dijo que buscaría ayuda, pero se comenzó a estresar con los dos trabajos: el suyo y el mío. Era entendible, a los meses de insostenibles conversaciones, dije que cerraría mi negocio porque así como íbamos, yo prefería terminar con la situación y no con nuestra amistad. Parece que fue peor, después de eso me confesó que quería que fuéramos socios, que estaba pensando en un futuro juntos, en ese momento, sentí que su ayuda era solo por eso. De inmediato rechacé la idea, en otra ocasión lo había hecho con una amiga y resultó todo muy mal. Al final accedió, al pasar dos días me dio una noticia que fue un golpe bajo: me comentó que abriría un negocio de masajes por su cuenta y que se llevaría a la terapista que trabajaba para mí. Sentí mucha rabia, había sido traicionada, pero a la vez, quería dejar eso atrás, porque me causaba daño y estaba tratando de rehacer mi vida sin cargas.

En ese tiempo ya asistía a mis clases de meditación, por lo que lo tomé de una manera diferente, era como si con eso estuviera cerrando un ciclo; mi cabeza estaba todavía en Nueva Zelanda.

Le pedí que fuera a dejar mis cosas del negocio a casa de una amiga y hasta ahí llegó todo; lo bloqueé y continué mi vida. La pena me duró un rato, lo suficiente para no seguir enrollada por la eternidad.

Un par de meses después, me tocó recorrer la ciudad visitando clientes. Por la enorme capa de esmog me dolía mucho la cabeza, me sentía asfixiada, fue ahí que decidí dejar Chile y emprender vuelo para conocerme a profundidad. Iría a volar, como muchas veces quise y no pude, por responsabilidades de la vida. En mis caminatas en las playas de Nueva Zelanda, veía los pájaros volar y decía: algún día seré como ellos, podré ir a cualquier lugar, sin amarras. Estaba en cero, a donde fuera, tendría que comenzar desde el inicio.

André había terminado antes el colegio y según planeábamos, nos juntaríamos en Nueva Zelanda en unos meses. Planifiqué un solo destino: Tailandia. Iría a certificarme en masajes tailandeses. Armé las maletas y emprendí rumbo al maravilloso país, pero mi escala sería en Nueva Zelanda.

Barcelona, España

Una vez más, el universo me estaba regalando experiencias, situaciones que reafirmaban que todo es aprendizaje. Mi amiga del colegio en la media atendió al llamado desde la aduana de Nueva Zelanda cuando no me dejaron entrar. Soy de pocos amigos, pero los que tengo, son personas extraordinarias. Muchos de ellos pareja. A Polilla, la que fue mi profesora de fitness, la reencontré en Chile junto a su marido; no sabía de ella en por lo menos diez años, pero había estado súper presente en mi regreso, fui muy afortunada, siempre hay gente a mi alrededor que me socorre en momentos difíciles.

Después de que la oficial de inmigración en Nueva Zelanda me interrogara e hiciera sentir como una delincuente por querer entrar de turista, dijo que no podría hacerlo. No era una sorpresa para mí, así que no lo tomé personal ni grave, había estallado la crisis en mi país y todo estaba en su máxima expresión; venía de una gran transformación, me encontraba en un estado de paz profunda. No quería regresar a Chile, sabía que podía ayudar con meditaciones por la paz, de una manera que es igual o más poderosa que destruir calles, plantas, saquear. También la policía lanzando bombas, hiriendo a los jóvenes, reprimiendo.

Estoy muy a favor de la libre expresión y los cambios que necesitamos como país, de forma urgente, pero sentía que podía colaborar mucho más en unión con grupos de meditación. Así que me comuniqué con mi familia y André, quienes me dijeron que tratara de no volver, era un caos. Hice un llamado por teléfono a una excompañera de colegio, quien en más de una ocasión me había invitado y dado la mano por si algún día lo necesitaba. Me dijo: "Ven, yo te recibo en mi casa", así que compré un ticket de avión y me fui a Barcelona, no la veía hacía años. En un principio, fue como si el tiempo no hubiese pasado entre nosotras, estaba atravesando una complicada situación familiar. A los días de llegar, me presentó a una gran amiga; una mujer muy especial que me acompañó en la experiencia en Cardedeu, un pueblo a treinta y siete kilómetros de Barcelona, capital de la comarca, rodeada de montañas y con mucha vegetación. Un lugar súper tranquilo, ideal para anclarse después de un retiro espiritual en Nepal.

Los primeros días al buscar adaptarme, fue más fácil por el idioma, aunque ahí se habla español y catalán, por lo que muchas veces no entendía qué decían, lo que me recordó a Nueva Zelanda por eso y su vegetación. Me sentí muy cómoda en ese lugar, en especial con mi nueva amiga, Marga, quien era súper sociable y querida; me presentó a mucha gente. En cuanto nos conocimos, hicimos clic, hablábamos de los mismos temas; ella era una mujer que había sufrido mucho, desde maltrato con su ex hasta un cáncer ya extirpado.

Marga era una guerrera, enfrentó el cáncer a cargo de dos hijos, mientras además lidiaba con la separación de su maltratador, quien también grababa videos obscenos con mujeres de Tinder e incluso una de ellas se convirtió en su pareja, olvidándose de sus niños y mujer. Después de todo lo que vivió, su consciencia había despertado. Cuando la conocí me acogió muy bien, pronto andábamos en caminatas, talleres espirituales o bebiendo alguna cerveza en un bar del pueblo, en el que todos se conocían y encontraban. Era invierno, el frío calaba los huesos; un día fuimos a una feria de Navidad y tomamos algo como de costumbre, pero nos encontramos con un amigo de Marga y comenzamos a hablar del amor, de la vida en pareja, de cómo los que iban a ese bar eran conocidos. Además, iba gente de todas las edades.

Una anciana se acercó a nosotros porque nuestro amigo se atoró, luego comenzó a contarnos una historia de rescate de un familiar al que le había sucedido lo mismo; yo miraba hacia afuera, la escena me parecía muy particular. Estábamos ahí, en aquel inhóspito bar de pueblo, con callecitas angostas y todo de piedra, la infaltable iglesia en medio de la plaza, hojas de los árboles en el suelo y todo rodeado de luces. Me sentí como en casa, pero estaba en Europa, agradeciendo al universo por todos los momentos y gente que llegaba a mi vida.

Sentí que pertenecía a todo el mundo, que no era solo de un país, sino de todos, sin fronteras, pues en cada uno había algo que me gustaba. Ahora soy más consciente de que somos uno en un universo infinito, donde si te abres, sientes cómo las lenguas, culturas y costumbres no son un impedimento para sentirte parte de todo.

Estaba viviendo a full y muchos eventos, la mayoría del estilo espiritual; entre esos, asistí a uno de sexualidad sagrada femenina. Llegué tarde, ya habían comenzado. Todas se movían en su lugar para hacer un círculo en posición de yoga y con los ojos cerrados. Como venía atrasada, la profesora hizo que me pusiera a su lado y me dio las indicaciones, susurrándome al oído lo que debía hacer. Me senté y comencé a moverme, de fondo sonaba una música espectacular, lo que no pensaba, eran las siguientes indicaciones, era mi primera vez participando en este tipo de eventos. Entonces ella, con una voz muy sensual y su acento español, dijo que nos conectáramos con nuestra vagina: labios internos y externos, cuello uterino, vulva... Mediante el advaitavedanta y tantra, eso nos ayudaría a explorar el arte de amar, pues por medio de estas técnicas, adquiriríamos nuevas maneras de percibir y disfrutar nuestra energía sexual; con dinámicas guiadas, de respiración, música, meditación, movimiento y danza.

Lo que ocurría me causó una risa interior gigante, ella repetía todo el tiempo que abriéramos nuestras vaginas y sintiéramos cada una de sus partes; estuve con esa sensación de risa mucho rato, igual que una quinceañera, hasta que llegó el momento en que me conecté y logré concentrarme en lo que decía. La verdad es que la energía femenina es una pasada, como dicen los Españoles, muy poderosa.

Estuvimos así cerca de cuarenta minutos, luego ocurrió algo muy mágico: nos pidió que nos mirásemos a los ojos una a una, fue tan intenso, que a unas cuantas se les caían las lágrimas. Después de eso, nos invitó a conectarnos con las vaginas de nuestras madres y nacimiento, el día en que por primera vez estuvimos en sus brazos, el primer contacto. La conexión era impresionante, en ese momento casi todas lloraban, fue muy sanador.

Terminamos diciendo algunas palabras en voz alta, una a una, para nuestras madres, y finalizamos bailando todas abrazadas. Fue muy emotivo, me acordé mucho de mi mamá y la amé más que nunca. Siempre me he sentido muy agradecida de ella, para mí es lo máximo. Si la pudiera comparar con una santa, creo que lo haría. Regresé a casa con el corazón cargado de amor, pero agotada. Fue una experiencia muy sanadora.

Poco a poco fui haciendo redes y conectándome con gente que hablaba mi idioma, Marga me presentó a muchos. Asistí a diferentes encuentros espirituales, uno de ellos fue "Amma": la mujer de la India que da abrazos. Cuando la vi por la pantalla grande dar uno de sus cálidos abrazos, mi corazón se conmovió muchísimo. Fue todo un fin de semana de meditaciones, danzas flamencas e hindúes. Los días comenzaban a pasar y en un momento lúcido, había una posibilidad de que me hicieran los papeles para quedarme, pero como es la vida, siempre pasa algún hecho que hace que las cosas no se concreten. Después de lo que viví en Nueva Zelanda, me siento un poco cansada de buscar a toda costa una visa, así que dejé las cosas en manos del universo infinito.

Los Hermanos sonoros del Montseny

En medio de encuentros a los que asistía, la vida se encargó de juntarme con mi familia espiritual del Montseny: los músicos, gente que me acogió como una más de los suyos. Nuestro primer encuentro fue en la ceremonia del fuego. Entre astrólogas, terapeutas y místicos, nos reunimos esa noche de frío Europeo, a las faldas de la montaña.

La chamán llamó a los ángeles de los cuatro puntos cardinales, los elementales, y tras su bendición comenzó el ritual: el fuego tomó diferentes formas mientras Isabel cantaba hermosos mantras, José tocaba su flauta y la chamán, al conectarse con nuestros ancestros, nos entregaba un mensaje a cada uno.

La astróloga, Rosa, me susurró al oído: "Se me hace que no estarás mucho tiempo en estas tierras", y yo me encogí de hombros, como diciendo "tal vez".

Con ofrendas a la madre tierra y al fuego, que a ratos tomaba forma de dragón, lancé mis sueños al cielo que nos iluminaba con mágicas estrellas, pidiendo que donde fuese que me encontrase, mi propósito de vida se cumpliera.

Comenzaba a entregarme a la resignación de no poder estar en Nueva Zelanda, donde había dejado parte de mi corazón, pero en estas tierras, iniciaba una relación con mi nueva familia, que me dio mucha paz y gratos momentos de unión.

El mensaje que me enviaron mis ancestros fue un poco confuso en ese instante, pero todo estaba bien, hacía un rato venía entrenando mi mente, así que poco a poco dejaba fluir la vida para sorprenderme con lo que vendría. Y como todo es vibración, con esta gente más mis meditaciones diarias, mi vibra iba en subida y lo que no resonaba conmigo, se iba pronto.

Culminamos la ceremonia y dimos paso al espacio de convivencia con la comida mediterránea, que es un deleite para mi gusto, una de las más ricas. Ese tiempo en España mi estómago fue el más feliz, cada receta era un verdadero placer.

Después del encuentro, me comuniqué con una amiga de Chile, quien me comentó que una vidente que era conocida suya estaba en España, así que me pareció interesante ubicarla. Cuando la llamé, venía de Francia, quedamos de encontrarnos en el aeropuerto de Barcelona, pues ella haría escala para luego trasladarse a Zaragoza. Cuando nos juntamos, no tuve que hablar mucho para que supiera lo que pasaba, me preguntó con quién vivía y le conté que con una excompañera de secundaria, pero que no la había visto desde hacía por lo menos quince años. La convivencia siempre es un poco complicada, en especial cuando nos encontramos con gente que no resuena en la misma vibra que nosotros, eso era lo que pasaba. La vidente, como si le hubiese sacado un escáner, pero sin preguntarme cómo era, me la describió de manera idéntica y dijo que pronto dejaría ese hogar porque mi alma ahí no estaba bien. Esta chica tenía demasiados conflictos con ella misma, pero el próximo lugar donde yo me quedaría iba a ser muy bueno para mí. Me hizo unas cuantas predicciones, algunas que se están cumpliendo y otras que ya lo hicieron, como esa. Me mudé al poco tiempo para vivir con Marga, mi hermana del alma.

La Navidad llegó y fuimos unos días a Andorra, un principado independiente, ubicado entre Francia y España, en la montaña de los Pirineos. La noche posterior fuimos a un lugar llamado Noves de Segre, conocido como pueblo fantasma. Cuenta la leyenda que hadas, duendes y elfos viven en sus bosques, en las hierbas, y los gigantes se encuentran bajo los pirineos. Antes de salir de casa, hicimos un ritual para proteger nuestras almas de cualquier ser negativo o energía oscura que se encontrase en el sitio. Solo con la luz de una linterna y un perro, partimos a la aventura, en medio de la oscuridad total del lugar.

Estábamos a media hora del pueblo, el frío de los pirineos se sentía, no se veía más gente que nosotros.

Con Marga fuimos delante un momento, nos transportamos a la época de los caballeros templarios, me sentía como uno de ellos, era vivir un capítulo de aquellos. Hasta que por fin llegamos al pueblo, que estaba algo más iluminado. Las casas eran como salidas de cuentos de hadas, las campanadas de la antigua iglesia comenzaron a sonar, yo sentía el aire frío en mi rostro y el silencio de las callejuelas. Caminamos alrededor del pueblo, solo un hombre se vio cruzar, algo nos dijo, pero en otro idioma. Hasta ese momento, ya no sabía si era una persona o un ser salido de una de esas leyendas. Sentí muchas presencias en ese instante después de guardar silencio y mirar el cielo estrellado, sacamos una botella de vino para bajar el frío, pero curiosamente, se quebró al momento de abrirla. Nos metimos a una de las casas abandonadas en temporada de invierno; buscamos a los duendes. El cielo estrellado, los ruidos y las sombras nos rodeaban; cerré los ojos esperando a algún elemental que quisiera comunicarse conmigo, estaban ahí, los sentía.

Regresamos a casa un par de horas más tarde, al día siguiente, el grupo decidió subir a la nieve y yo quise apartarme e ir de paseo sola. Siempre que puedo, me gusta recogerme y salir a caminar en la soledad para encontrarme conmigo. Tomé la ruta del bosque y anduve unas horas en la inmensidad de las montañas de los pirineos bordeando el río, ni un alma más que la mía rondaba el lugar. Pensé tantas cosas, pronto sería Año Nuevo. Había pasado una Navidad diferente, sin mi hijo y familia, pero sabía que los vería otra vez. Recordé que hacía tan solo un año, estaba en Nueva Zelanda con una crisis personal salvaje, sin saber qué pasaría con nosotros, aunque esta Navidad tampoco sabía cuál sería mi nuevo destino, la forma de ver las cosas era totalmente diferente. Me sentía libre de todo y todos, en paz, contenta, educando mi mente; los miedos cada vez quedaban más atrás.

El silencio que yace en los bosques es muy particular porque el viento mueve las hojas, se escucha el sonido de algún riachuelo, un pájaro en medio de las ramas, olores, energía, es magnético, embruja de tal manera que continúas avanzando, porque te atrae como imán. Te haces consciente de tus pasos, de cada inhalación y exhalación. Si el sol ilumina, los rayos cruzan los gigantes árboles, entonces conectas con la madre naturaleza y Dios se hace presente; puedes apreciar en la soledad, la inmensidad y amor por el que creó todo esto. Mi corazón comenzó a latir de emoción y a la vez, miedo, no sabía si podía encontrarme a alguna bestia en el bosque. Bajo la contemplación de esta vista, de pronto percibí una huella diferente, muy fresca, era de un animal, quizás un jabalí; me asusté, estaba lejos de casa así que regresé al pueblo fantasma, cuando llegué no había nadie. Me metí por las callejuelas y le pedí a los elementales gnomos que se hicieran presente, me senté en un banco y escuché a una bandada de pájaros pasar al lado de mis oídos, a lo lejos un cuervo; cerré mis ojos para percibir esa mágica energía y no sé de dónde se acercó un gato que me miraba detrás de un árbol. Frente a mí estaban las montañas, unas ovejas y vacas que se divisaban a lo lejos. Cuando miré el cielo pasó otra bandada de pájaros, en ese momento, sentada en la banca, me sentí como ellos: libre. Disfruté el instante y di gracias al universo por todas las vivencias de Tailandia, Nepal y ahora España. Me sentí tan bendecida, pese a que no estaba en Nueva Zelanda, poco a poco entendía que todo esto era parte del gran aprendizaje que debía vivir.

Después de Navidad, el grupo de músicos Moulànima organizó una junta para despedir el año viejo. Fuimos a un lugar de campo entre cuencos, tambores, flautas y cantos de mantras, iniciamos el encuentro. Esa gente me llenaba de energía, es por lejos mi familia espiritual de España. Aunque yo nunca había tocado un instrumento, familiaricé muy bien con los tambores. José, el maestro, y Rosa, la del tambor, son almas gemelas; aparte de tocar los instrumentos junto a Cayetano a cargo de los cuencos, pertenecen a un grupo de ayuda a familias con falta de recursos. Tienen una gran vocación de servicio y un corazón inmenso, todos me acogieron de manera que me hacían sentir como una más. Ese día, los animales estaban felices con los instrumentos, así lo demostraban, estábamos acompañados por un caballo que se creía humano, su nombre era Spirit, su dueño un hombre curioso que tras haber iniciado al Ayahuasca, tomaba encuentros dos veces al año en las montañas con la misma hierba. Tras una de sus visiones, le dieron una receta hecha a base de hierbas que llamó la pócima para curar el alma; la colocaba en los colgantes de piedra que fabricaba. Me pidió que usara una de sus joyas y sentí algo muy extraño en el pecho, como que me lo oprimían, después de un rato aflojó, dijo que si pasaba eso, era porque tenía una herida en el alma y claro, aún llevaba la pena de dejar Nueva Zelanda.

Rosa, la del tambor, aulló. Yo no hubiese distinguido los aullidos de un animal o una persona si no era porque estaba ahí, viéndola, parecía un lobo real. Pronto los cuervos que hasta ahí no se veían ni escuchaban, comenzaron a responder los aullidos de Rosa, haciendo sus raros sonidos. Fue un momento muy mágico. Tras el atardecer, finalizamos el encuentro con danzas, abrazos del alma, gritos indígenas y un amor tan inmenso de familia de espíritu. Mi dicha era enorme, habían sido meses de estado de gracia, cariño fraternal, expansión de mente y corazón.

El día siguiente era año nuevo y fue bastante especial, lo pasé con mi familia del alma, todos llevaban algo y compartían; cada uno iba con su gente. Había toda clase de comida mediterránea, estaba deleitada. Cuando llegaron las doce, vino la tradición de las uvas, ¡qué distinto, pero a la vez tan igual a otros años nuevos! No estaba con mi hijo ni mi familia sanguínea, sino en Europa, con otras personas que hablaban catalán, en un invierno frío, pero con el corazón lleno de agradecimiento por toda la gente y el universo, que me han dado tantos momentos maravillosos.

Rosa, la astróloga, se acercó a mí y charlamos mucho rato. Ella es un personaje, aparentemente se ve muy dura y seca, se inició en el tarot muy joven, a los veinte años, y conoció a su gran amor en la misma fecha, su primer marido. Cuando se casó fue con mucha ilusión, como ocurre con cada pareja, se compraron unas tierras en un lugar muy hermoso y comenzaron a construir el que sería su hogar. Él estaba enfermo cuando se casaron, Rosa lo sabía, pero no le dio importancia, su amor era tan grande que decidió vivir la experiencia. Al poco tiempo de conocerlo y de mirarlo a los ojos con una intuición muy desarrollada, se dio cuenta de que estaba enfermo.

Un día después de casados decidió leerle el tarot, para su sorpresa, salió la muerte. Rosa renegó de las cartas y las escondió para no volver a ocuparlas, había sido muy traumático. Al poco tiempo, su marido empeoró. Le detectaron cáncer, ella estuvo a su lado firme, luchando con él hasta el final de sus días, pero no pudo ganar la batalla y con eso, ella se sumió en el dolor por mucho tiempo. Construyó una maravillosa casa, a los años se volvió a casar. Tuvo dos hijas y un matrimonio muy duro, finalmente, se separó. Rosa, además, cocina espectacularmente y me tendió la mano organizando pequeños eventos para promover mis masajes; sabe de plantas y piedras, tiene una colección innumerable de ellas.

El primero de enero me fui con mi amiga Marga a Cala sant Francesc Blanes, Barcelona, a disfrutar la tarde. Situada a un par de kilómetros del centro, es una ciudad acogedora y rodeada de pinos, con aguas cristalinas y arena dorada. Estaba feliz de estar en contacto con el mar, ya que durante todo ese tiempo solo había visto montañas. Destaco los sublimes atardeceres, pues allí eran de tonalidades rosadas y violetas muy claras. Lo apreciamos hasta que llegó la noche, sobre unas gigantes rocas que llevaban a unos acantilados. Mi partida de este increíble lugar llegaría, en veinte días dejaba España y viviría intensamente día a día. A la mañana siguiente, me salió un nuevo trabajo: pasear a una abuela de ochenta y ocho años que se estaba recuperando de una operación al fémur. Estas experiencias son un desafío, se trata de trabajos que nunca has hecho, pero de igual manera, como dice el maestro Ruiz: "Haz cada cosa lo mejor posible", y eso he tratado de hacer siempre que tengo un trabajo nuevo.

La pasaba a buscar, acomodaba en su silla de ruedas y salíamos durante una hora a pasear, luego la llevaba de vuelta a comer y la dejaba sentada en el sofá. Aunque ella estaba perdiendo un poco la claridad de las cosas, igual hablábamos y cantábamos juntas. Algún día corrí con la silla de ruedas para alcanzar una paloma, ella se reía mucho con eso, la hacía feliz, eso me dejaba contenta.

Los músicos de Mulánima me llevaron a pasear el fin de semana al Montseny, la montaña mágica de la zona. Con los tambores y las flautas, llegamos al lado de un lago ubicado en la cima, los árboles tienen formas, con ojos, brazos, nariz y grandes raíces que llegan al borde. Todo perfectamente creado por el padre Dios, muchos seres elementales habitan ahí, y en el medio del agua, un círculo de burbujas. Esta enigmática forma que tomó nos deslumbró, pensé que saldría una nave submarina, pero no, las burbujas nos acompañaron mucho rato solo estando allí. El sol entraba en medio de los árboles y pronto comenzamos a tocar los instrumentos. Cada encuentro con estas hermosas almas era muy mágico, el tiempo no existe con ellos, la energía que se produce en el bosque con los sonidos musicales es demasiado especial y no se pueden terminar sin antes ofrecerle a la madre tierra alguna danza a pies descalzos, en medio de las hojas.

Con un paisaje exuberante de árboles y el lago que parece dibujado, cuando el padre sol se estaba entrando, abandonamos la naturaleza para juntarnos con las hermanas de almas viejas, que no bordeaban más de los veintinueve años, unas mujeres muy encantadoras. Nos encontramos para tomar un café y nació la idea de que podrían ir a visitarme a Chile, todos juntos, a un concierto de cuencos, gong y demases, se lo pedimos al universo. Los abrazos con los que esta gente se saludaba y despedía eran fuera de serie, una real conexión de alma en la cual podían estar varios minutos así, verdaderamente increíbles. Terminamos aquella tarde amena con risas, sueños en común y saludos.

Antes de despedirnos, les pedí si podían hacer un concierto con todos los instrumentos en la ermita, donde tocaban y me dijeron que sí. Lo programaron para el fin de semana antes de regresar de la aventura que llevaba cinco meses. Mi penúltimo fin de semana fui con mi amiga Marga a Besalú y Girona. Besalú es un pueblo medieval a 35 kilómetros de Girona, el castillo fue construido en el siglo X, en lo alto de una colina en la cual se encuentra la iglesia de Santa María. Lo más impresionante es el puente con una

torre fortificada y siete arcos de medio punto que se proyec-
tan con forma de media luna sobre el río Fluviá. El escenario
se ha ocupado para películas y series como Juego de Tro-
nos, y también ha sido inspiración de algunos libros. La localidad está llena de rincones fascinantes, como el caso de
la plaza Prat de Sant Pere, frente a la iglesia romántica. Muchos bares y restaurantes rodean al pueblo. Los judíos ha-
bitaron al lado del río Fluviá durante más de cinco siglos,
dejando huella con el micvé, baño judío de purificación.

Llegamos ahí de noche, durante el día visitamos unos
bosques increíbles. Eran mis últimas vivencias en España y
deseaba plenamente estar en el momento presente, sin saber qué pasaría cuando volviera a Chile. Estaba en tiempos
de entrenamiento de mi mente, ese era el objetivo final.
Marga, mi amiga, fue una increíble compañía ese fin de semana, sin duda es una gran mujer, quien me enseñó muchas cosas.

Hacía unos años le habían diagnosticado cáncer de
mama. Como mencioné antes, ella como buena guerrera, no
se rindió jamás, me contaba que cuando supo, aparte de llorar un rato, una extraña fuerza se apoderó de ella y en medio de sus sesiones de quimioterapia, salía a relucir. Visitó
montañas y lagos, comenzó a ir a eventos espirituales. El
proceso del cáncer lo decidió pasar con otra amiga que estaba en las mismas condiciones. Con el tiempo, se transformaron en amigas del alma, otras quedaron en el camino y
murieron. Marga continuó trabajando y enfrentando todo
esto con una inexplicable fuerza que nunca antes había tenido; una mujer alegre, con un sentido del humor como pocas.

Así estuvimos ese fin de semana, disfrutando de increíbles lugares, cantando en el auto canciones del dúo dinámico, mientras la temperatura marcaba cero grados; de fondo la letra "el final del verano". También tomamos baños de bosques, comimos rico, bebimos vino y enlazamos una hermosa amistad. A nuestro regreso, nos esperaba la familia espiritual con el concierto de cuencos y gong en la ermita ubicada en el bosque. No podía haber terminado un fin de semana tan idílico, tan lleno de energía, afectos, cariño de parte de estas personas que guardo en mi corazón siempre.

El día de mi partida fue muy triste, mi amiga Marga no pudo ir al aeropuerto, nos despedimos en su casa con un abrazo eterno y muchas lágrimas en los ojos. Fue un hasta luego, en algún lugar de la tierra la vida nos volverá a reunir.

Me fui con Rosa, la del tambor, y su alma gemela José, el músico. En el camino recordé su historia de amor, cómo la vida los juntó: ambos casados, pero con sus matrimonios destruidos, se habían conocido en el colegio, donde se gustaban, aunque ninguno se acercó más que para una amistad. Al salir del cole, tomaron rumbos distintos y alguna que otra vez se vieron en algún lugar del pueblo. Pasaron los años e hicieron vida por separado. Un día, Rosa sacó a pasear a su perro y José caminaba por la misma calle, entonces se encontraron; ese día, sus vidas dieron un vuelco, el destino los cruzaba. Él estaba buscando departamento, porque ya había tomado la decisión de separarse, así que tras el reencuentro, ella le dijo que podía ayudarlo con eso. Se contactaron otra vez, José estaba bastante volcado a su parte espiritual y también iniciaba su nuevo hobby: tocar la flauta indígena. Al pasar los días, su amor comenzó a brotar y crecer; Rosa logró encontrar un departamento para él, su matrimonio iba mal desde hacía mucho rato. Fue una discusión muy fuerte que dio pie a que ella tomará la decisión de dejar la casa, salió corriendo y fue a ver a José, le contó que se iba ese mismo día porque ya era intolerable su situación, él le dijo entonces que se fuera a su casa y de ahí no se separaron más. Todos los que conocen a Rosa y José pueden ver claramente que son almas gemelas, con el tiempo ella tocaba los tambores y armaron un grupo con otros integrantes y ahora interpretan cada cierto tiempo música espiritual, con cuencos, tambores, flautas y gongs.

Estas historias me encantan, cuando el amor traspasa los miedos y terminan con un final feliz.

La Pandemia

Marzo del 2020: Creo que nadie en Chile y el mundo olvidará la fecha. La vida tomó un rumbo inesperado. Los chilenos estuvimos en descanso por Navidad y vacaciones por el estallido social. Entonces llegó el coronavirus.

Cada uno lo ha vivido de diferentes maneras, pero lo cierto es que ha sido un cambio en la vida de todos. Muchos se llenaron de terror, algunos lo vimos como una oportunidad para cambiar la consciencia de la humanidad y otros, como maniobra de manipulación. Los malls y las tiendas cerraron, comenzaron los toques de queda y confinamientos, las calles quedaron vacías. Se cerraron y aislaron ciudades, también fronteras y colegios. La ansiedad, el miedo y muchas otras emociones negativas se desataron al principio, muchos tuvieron que reinventarse, cerrar sus negocios, entregarse a vivir grandes cambios...

Después de un tiempo, algunos trabajaban desde sus casas y vivían nuevas realidades con sus familias... Había más tiempo para compartir con los hijos, ordenar en profundidad las casas, aventurarse en la cocina para regalonear a la familia; algunas mujeres comenzaron a hacer rutinas de ejercicios, meditaciones, pensar, extrañar al resto de la familia, y muchos sintieron la necesidad de ser más solidarios. Esa fue la parte positiva de la pandemia, la negativa: la pérdida de trabajos. En algunos lugares se transformó en la pandemia de la pobreza, pues la vida siempre tiene dos caras. Aprendimos a vivir en la incertidumbre, sin saber cuándo iba a terminar... La economía se disparó y tuvimos que centrarnos en el presente.

Un día, haciendo ejercicio, me concentré en mi respiración mirando los árboles supe que por primera vez no podía hacer un plan. Primero no me gustó la sensación, pero a medida que era consciente de mí, fui entrando en mi ser y comencé a disfrutar ese estado. La calma volvía a mí en esos instantes, olvidaba que no estaba trabajando, que estaba encerrada; creía que las deudas podían esperar y nadie moriría por eso.

Sentí que estábamos en medio de una gran oportunidad como humanidad; el miedo se disipaba y el sufrimiento del ¿qué va a pasar? se esfumaba. Nunca había estado tan cerca de mi interior, de mis sombras, como en ese entonces; era consciente del espacio en que me encontraba, fui muy observadora de las emociones que tenía y las repetí con continuidad.

Para mi sorpresa, las puertas se abrían; sentía y veía que todo se solucionaba, aunque también hubo días negros en que me sentía muy aburrida, poco creativa y no hallaba la manera de continuar con mi trabajo, ni siquiera podía ir donde mis clientas a trabajar.

La convivencia en casa se tornaba cada vez más tediosa, descubrí que a ratos no tenía una gota de tolerancia o paciencia con las actitudes de la gente que vivía conmigo, pero sobre todo, cuando se trataba de miedos.

Con mucha práctica meditativa, estaba superando el miedo al coronavirus. Sabía que era un tema controversial, de muchas opiniones, y a medida que el virus me pareció similar a otros, me costaba entender que para algunos fuera un asunto terrorífico, inhabilitante.

En mi casa vivía con tres personas, una señora de sesentaicinco años nos abrió las puertas de su hogar y arrendó las habitaciones, es decir, compartimos su piso. Ella tenía mucho cuerpo de dolor, como dice el maestro Eckhart Tolle, de muchas emociones y rabias retenidas, generadas a partir de un matrimonio frustrado y una victimización increíble que la llevaron a tomar pésimas decisiones sin aprender, entre ellas, comprar de manera compulsiva y endeudarse al límite.

Era una clienta que tuve cuando comencé a hacer masajes, nuestra amistad continuó y ya de eso habían transcurrido alrededor de quince años, en los cuales nos mantuvimos en contacto cada cierto tiempo. Siempre supe que tenía un carácter difícil, pero no fue hasta el momento en que me reflejé en ella, que asumí que yo también era así, algo que no había visto tan claro como lo hacía entonces. Siempre hubo alguien en mi vida, un personaje que funcionó como un maestro para hacerme notar este tipo de carácter fuerte y difícil, con que se me hacía insoportable tratar.

Consciente de ello, decidí hacerme cargo. Lo primero fue reconocerme en cada una de estas personas, a quienes juzgué antes por su mal carácter, pero al poner un espejo entre ellos y yo, noté que eran comportamientos que también tenía. En determinadas ocasiones, cuando no pensaban como yo, en cómo estaba venciendo ciertos miedos, no toleraba esta cosa paranoica que afectaba a muchas personas. Era muy reactiva a los comentarios, contestaba impulsivamente a cualquier dicho contrario a lo que pensaba.

Llegamos aquí después de mi viaje a España, traje conmigo a André y volvimos a vivir juntos. Todo era retos de convivencia, aunque nada que no se pudiera arreglar. Un día, después de una fuerte discusión, decidí marcharme, pero antes de hacerlo, reflexioné y noté que yo siempre huía cuando algún episodio llegaba a ese punto. Intenté dialogar con mi amiga y pudimos decirnos qué nos molestaba de cada una, aunque la conversación se extendió y se puso a llorar. No sabía qué le pasaba, estaba alejada de su madre y hermanas, su vida era muy solitaria y sin objetivos. Eso me causó mucha compasión, arreglamos nuestros problemas y nos dimos un fuerte abrazo. Después de eso las cosas han mejorado bastante. Noté que era un buen momento para quedarme y dominar mis emociones, entender que no tenía nada personal conmigo.

El otro personaje era un hombre de sesenta y ocho años que tenía un cáncer y quería curarse. Pasaba encerrado en su pieza, así que muy pocas veces lo veía. Era muy ameno conversar con él, en esa etapa de mi vida, sentía necesario aprender a dar luz a mis sombras. André trabajaba duro para volver a Nueva Zelanda a estudiar, tuvimos mucha cercanía, me contaba lo que había hecho en mi ausencia. Estuvo en el lado oscuro, pero ¿quién no? Cuando se tiene diecinueve... Con mi llegada regresó a una vida más pausada y hogareña, eso me daba tranquilidad.

En medio de todo, me reencontré con mi amigo español a quien admiraba mucho. Habíamos subido varios cerros juntos cuando llegué desde Nueva Zelanda a Chile, tenía una garra admirable para enfrentar la vida, era un empresario a quien le hacía masajes; había sido una verdadera inspiración en ese tiempo, nuestra amistad comenzó a crecer, la pasaba muy bien con sus historias, siempre había un buen consejo, una buena comida española y un buen vino después del masaje.

No faltaban los comentarios mal intencionados de parte de algunos que malinterpretaban nuestra amistad, que por cierto, si no hubiese estado casado, quién sabe lo que habría pasado. Pero respetaba mucho su estado civil y a su esposa, a quien terminé conociendo.

Nuestras charlas eran eternas, cuando me marchaba, siempre lo hacía con una sensación de esperanza en todo orden de cosas, no con él, por supuesto, hablo de la vida en general. La suya tenía triunfos y fracasos, como la de todos, pero su garra y manera de ser era encantadora. Me contó que había comenzado en un pueblito en España, muy joven, en un negocio familiar relacionado con cubiertas de granito, hasta que llegó una oportunidad a su vida que lo hizo empezar a volar en grande. Se casó joven, tuvo cinco hijos de su primer matrimonio. Por sus años de esfuerzo, tenía merecidos resultados económicos, por lo que pasó a trabajar de manera autónoma y manejar una empresa con varias personas a su cargo.

Sin darse cuenta, sus hijos habían crecido y la relación con su exesposa decayó hasta que se acabó. Parte de su riqueza se fue con ella, todo terminó bastante mal para los dos. Comenzó una nueva vida... Al tiempo, conoció a su segunda mujer, con quien está en la actualidad; la vida le dio una segunda oportunidad. Después de la crisis en España, se aventuró a venir a Chile, se asoció en una nueva compañía, lo cual que lo hizo perder casi todo por un engaño de su socio. En ese instante, la fuerza de guerrero y líder innato lo llevó revivir como al ave fénix, hasta ahora que planea su retiro. En esa etapa lo conocí yo, después de lo que pasó con Nueva Zelanda fue casi un consuelo y a la vez, un empuje a comenzar de nuevo. Es de esas personas que aparecen en el momento preciso.

Parte de ese proceso lo viví con Antonio, estaba muy complicado en la etapa, ya que tenía sobre sus hombros grandes responsabilidades, como llevar a su empresa en momentos en que nada parecía favorable para empresarios y emprendedores. Me sorprendía con su fuerza interior, aunque a veces el mundo se desmoronaba, su equipo de trabajo era un cien, sin embargo, su compañera de vida estaba en España y notaba su ausencia.

En medio de esto, continuaba visitándolo, haciéndole masajes, pero había días en que yo veía su rostro y sabía que estos retos le gustaban, por su personalidad, aunque muchas veces le pasaban la cuenta.

Su naturaleza guerrera estaba débil, había días en que su llama era tan bajita, que apenas alumbraba. Pero una vez más sacó fuerzas de donde casi no las había y superó la pandemia.

Gratitud, generosidad, meditación

Muchas cosas despertaron en mí por medio de la meditación constante, la lectura, gratitud y generosidad. Muchas puertas se abrieron, una de las cosas que decidí fue no volver a ver noticias. Fue increíble cómo cambió mi vida, pasé a habitar un mundo paralelo, mi miedo y angustia bajaron considerablemente. A pesar de que la cuenta corriente estaba muy baja, si sabía de alguien que necesitaba dinero, cooperaba, y el universo no tardaba en retribuirme más de lo que imaginaba; eso me daba tranquilidad.

Me conecté con el agradecimiento a través de la meditación, pero ¿qué es? Es el camino donde conocemos la naturaleza de la mente, nos desprendemos de ella y creamos otra nueva; es desmemoriar las emociones pasadas y preparar el cuerpo para una mente y emociones nuevas, dejar atrás el pasado y crear un nuevo futuro. ¿Por qué meditamos? Todos queremos felicidad, sin embargo, pocos parecen encontrarla. Buscamos satisfacción pasando de una relación a otra, de un trabajo a otro; estudiamos, nos graduamos, compramos una casa y aunque esto no tiene nada de malo, no nos causa la felicidad ni satisfacción, así que debemos buscar fuera de nosotros la alegría.

En las meditaciones, la conexión con uno mismo junto a la energía infinita te cargan de vitalidad; el corazón se expande y te embarga una felicidad inexplicable, pero dominar la mente y guiarla a la comprensión correcta no es fácil, requiere de un lento y gradual proceso que implica tener la mente observando, analizando. Puede tomar muchas formas, concentrarse puntualmente en algo interno, tratar de entender un problema personal, generar gozo y amor por la humanidad, comunicarse con nuestra sabiduría interior. Es un espacio donde somos honestos con nosotros mismos y podemos trabajar dos aspectos: los negativos (celos, enojos, miedos, carencias y deseos) y positivos (claridad, paz, amor, abundancia y salud).

Debo aclarar que estos estados no han sido permanentes, tengo mis días, como cualquiera. Para mucha gente no había sido nada difícil reinventarse, pero para mí sí. Día a día, veía a mil personas con videos, clases online y diferentes maneras de vender y darse a conocer a través de las redes sociales. Había tanto de todo; los días pasaban y yo no lograba hacer nada.

Un día frío en Santiago, como muchas otras veces, sentí la necesidad de estar en contacto con la naturaleza y armé mis amigas maletas. Le pregunté a André si deseaba acompañarme a ver a la familia y aceptó, partimos con bastantes obstáculos por la pandemia, casi nos enviaron de regreso en un control por no reunir todos los requisitos, pero creo que siempre tengo una ayuda universal que me abre las puertas, así que lo logré, me reencontré con mi familia y obtuve la bendición de mi madre, que es una bomba de amor; tan incondicional, con un corazón gigante que nos abraza y recibe cada vez que la vemos. La atención se convierte en los más ricos almuerzos, nos concede todos los caprichos que se nos antojan, como quequitos y todo tipo de masitas. No hay nada como los regaloneos de mi hermosa madre.

Al pasar unos días regresaron los atardeceres rosados y violetas junto al mar, mientras el caos continuaba en Santiago y muchos otros lugares del mundo. A mí me abdujeron, me sentía como un fragmento aparte de la humanidad, me había reencontrado con una vieja amiga y junto a ella, decidí volver a los ejercicios: trotar, entrenar mi cuerpo que debido a la poca movilidad por el encierro había aumentado algunos kilos.

Muchas mañanas me sentaba en el balcón que daba al mar y me sentía muy afortunada de vivir la pandemia de esa manera. Cada cierto tiempo sintonizaba las noticias y veía las quejas hacia el gobierno, gente que sufría la partida de sus seres queridos, hambre, deudas, cesantía; no era la situación ideal para nadie. El tiempo transcurría y era tan extraño, casi como caminar en el desierto: sin rumbo ni esperanzas. Pero no toda la humanidad estaba en ese estado, muchas fuerzas unidas por las meditaciones grupales e individuales, sostuvieron el peso de muchas almas tristes, expectantes. Más de una vez, la humanidad había pasado por estas situaciones... Era obvio que debíamos cambiar, sentí que tuvimos la oportunidad para despertar, para abrir nuestros corazones y reflexionar, no bajar los brazos, no rendirse con los sueños y propósitos; sentir la certeza de que no estamos solos, de que hay una fuerza más allá del entendimiento que siempre ha estado ahí.

Fueron tiempos para retomar amistades y dar un aliento a quien un día despertó sin ánimo. En lo personal, estuve muy unida a mis excompañeras del colegio, con quienes viví mil historias, anécdotas, travesuras que sin duda, jamás olvidaré. Recuerdo con mucha nostalgia mi época estudiantil.

Vuelta a la nueva vida

Los días en La Serena, cerca del mar y la naturaleza, compartiendo con mis seres queridos, me revivieron. Había que regresar, me iba con una energía y alegría inexplicables.

Pronto analicé en profundidad este proceso, con experiencias de todo tipo, llegué a la siguiente conclusión: Tenemos creencias que están ligadas a los condicionamientos que adquirimos desde nuestro nacimiento, sin información, llenos de juicios; estamos limitados y condicionados por lo que dicen quienes están a nuestro alrededor (padres, profesores, curas o pastores) o por lo que vemos y la experiencia, esto actúa en cualquier tipo de religión (musulmana, católica, cristiana, etc.). También tenemos la demostración social de creencias a través de la publicidad y anuncios: debemos ser perfectos, sin arrugas, esbeltos y muy tonificados. El molde de la realidad, la pensión que necesitamos para jubilarnos a los sesentaicinco, la religión (espiritualidad sin dogma), la educación (si no vas a la Universidad no eres nadie, pues necesitamos pasar largos años estudiando y pagando enormes cuotas...). Todo esto crea una inseguridad interna que se ve reflejada en nuestra realidad externa.

Nuevos modelos

Podemos crear nuevos modelos para cambiar nuestras creencias:

- Intuición humana.
- Sanación de cuerpo y mente.
- Aprendizaje autodidáctico.
- Trabajar en lo que nos apasiona.
- Ser espiritual, no religioso.

Podemos usar sistemas alternativos, practicar la gratitud, el *mindfulness*, pues esto nos lleva a un estado de conexión con el perdón.

El amor es el software de nuestra mente, siempre aprende nuevos sistemas. Las creencias son intercambiables cuando trabajamos en estos nuevos modelos a través de la meditación, por ejemplo, pasamos a un estado superior. Para alcanzar un equilibrio, debemos:

- Ser felices en el ahora, pero cómo lo hacemos si no nos sentimos felices en el presente.

Bajo mi experiencia, cuando estuve en Nueva Zelanda y trabajé para las tailandesas que querían esclavizarme, me sentía muy infeliz. Apenas me alcanzaba para sobrevivir, cada día sentía que estaba en un abismo, sin ninguna salida. Entré en una espiral negativa que contribuyó a generar estrés y ansiedad, lo que se reflejaba en mi estado de ánimo explosivo, violento y depresivo. Hasta que comencé a buscar videos de pensamiento positivo e iba a caminar en mis horas de colación. Así, poco a poco, encontraba niveles de felicidad, con pequeñas cosas que me causaban alegría; colocaba música muy alegre y me obligaba a bailar, hacer lecturas inspiradoras, decretar; encontré una visión de futuro que me llenó de esperanza cuando comencé a planear mi propio negocio. Entregué todo a la energía universal, dejé de resistirme a la situación. Solté, solté, solté.

Pronto mi estado mental comenzó a cambiar, mis metas me impulsaban hacia adelante y sentía felicidad antes de alcanzarlas. Eso creó un sentimiento de crecimiento y de suerte. Todo dio buenos resultados, aunque no lo supe balancear y a los dos años me volví esclava de mí misma, ya no me sentía tan alegre porque me había olvidado de mí, de lo que me gustaba, lo que amaba. Me obsesioné y rechazaron mi visa.

Hoy, tras dos años de haber regresado a Chile, después del terremoto emocional que fue mi vida, en que no sabía qué hacer y cómo comenzar otra vez; luego de mi viaje a Nepal, Tailandia y España; de cinco meses de pandemia, tres de encierro, dos alrededor del mar de La Serena, desprendiéndome del miedo del covid; tiempos en los cuales me conecté a la naturaleza sintiendo amor, compasión, paz, visión y perdón, a través de meditaciones realizadas por mi querida Patricia Maureira, canalizadora, y mi mentor, Joe Dispenza, quienes me sirvieron de apoyo para sostenerme, liberarme y sanarme; reconectando con el amor a mi querido planeta, aprendiendo a ser más consciente, sintiendo agradecimiento por todas las experiencias vividas y dejando atrás los rencores.

Después de todo, veo cómo mi vida toma una nueva ruta. Estoy en mi país, en este presente, muy contenta, disfrutando de las nuevas puertas que se nos comienzan a abrir a mi hijo y a mí, sin cuestionamientos del por qué tuve que regresar, pues ahora tengo la certeza de que es aquí donde debo estar, con la gente que me rodea, mis maravillosos clientes, en un nuevo hogar, escribiendo estas líneas para contar mis experiencias.

Sin duda, este viaje de cinco años me ha enseñado muchísimo. Un día, escuchando a Patricia Maureira a través de una canalización de Emannuel, aprendí que todas las experiencias vividas son un regalo, incluyendo el dolor. Todo es nuestra responsabilidad, aprender a ver esto con sabiduría, que una experiencia es eso y no debemos huir de ellas, es lograr verlas con agradecimiento; pensar que el sufrimiento es una opción, la felicidad y la alegría son parte del juego como el dolor, inevitables y que alcanzar la liberación es opcional. Debemos trabajar las experiencias de la vida para entenderlas con sabiduría y así encontrar el aprendizaje, discernir en cada momento para comprender, y si no podemos hacerlo en el momento, tarde o temprano sabremos por qué vivimos eso, para qué.

He pasado muchos momentos de inconsciencia y estoy aprendiendo de a poco, hoy en día tengo un poco más de sabiduría cuando me encuentro con hábitos como discutir o juzgar, porque ser sabio no es ser perfecto, y no cometer errores es darse cuenta de las malas rutinas mentales.

El perdón

Muchas cosas pasaron en esta pandemia, pero el cambio comenzó a producirse antes de ella. La vida me llevó a momentos que hace diez años no hubiese creído, después de casi siete años, me encontré con el papá de André. Había estado tratando de evitar verlo, pero la vida te pone situaciones para avanzar o quedarte en el pasado, con recuerdos que si no son buenos, no sirven para más que envenenar el alma.

André me pidió que lo acompañara a casa de su padre para arreglar la radio de nuestro auto, estábamos a cuadras de ahí. Sabía que para él era importante que entre nosotros hubiera una relación armoniosa, después de todo, rompimos un año antes de irnos a Nueva Zelanda. Quedamos en muy malos términos, pero acepté ir y cuando lo vi, no sentí ninguna emoción: ni rabia, ni pena, más bien algo muy neutro.

Mientras un joven arreglaba la radio, esperaba en el auto. No hablamos casi nada, tuvimos leves intercambios de palabras. Minutos más tarde, André apareció del brazo de la nueva pareja de su padre, con la que vivía hacía un par de años junto a sus dos hijas. También venía la familia de él, era una escena particular, la saludé y fue muy cordial; me invitó a almorzar con una copa de vino en la mano, con la sociabilidad típica de alguien proveniente de Colombia; su acento me hizo entrar en confianza rápido, noté algunas miradas del padre de André, vigilante, pero no lo suficientemente interesado para acercarse.

A las horas estábamos contándonos infidencias, las cuales primero me hicieron despertar rencores guardados, como cuando dijo que el padre de André se había hecho cargo de sus hijas hacía años y que para las chicas era como su papá, ya que el biológico se había desentendido. ¡Qué cosas de la vida! André había sido abandonado por él, que nunca había estado muy presente, así que lo crie con mucho esfuerzo con la ayuda de mi madre. Por esta razón, guardaba rabia, y cuando esta señora me dijo eso, le dije que tenía suerte porque no había sido así con mi hijo.

En un principio sentí que fue como abrir una herida que no estaba cicatrizada, ella me hablaba de un hombre que yo no conocía, los últimos años de relación, mostramos lo peor de nosotros. Cuando me desahogué un poco, me di cuenta de que fue muy sanador conversar con ella, sacaba lo mejor de él, aunque hay cosas que no cambian. Aun así, con esta nueva familia entregó lo que no cuando estuvimos juntos y comprendí que yo no hubiese sido feliz en ese hogar, ni con ese hombre. Mi rabia comenzó a disiparse, llegó el trabajo de perdonar; cada cosa tiene su tiempo y en este momento André estaba feliz. Su madre y su padre compartían de manera civilizada, con toda la familia paterna, más la nueva pareja de su papá. Él pololeaba con una chica chilena adorable que le regresó la alegría y la inocencia que debería tener un joven de diecinueve años. Lo ayudó a encontrar su camino otra vez, a tener objetivos y ser responsable, por lo que le tengo un cariño enorme.

Yo estaba con harto trabajo, nos cambiaríamos de casa pronto para iniciar una nueva etapa solos, y le comenté esto mismo a la pareja de su papá, agradeciéndole la amabilidad que había tenido con André, porque para una madre no hay algo mejor que ver a un hijo estable y feliz, sobre todo después de tantos cambios e historias.

Hoy tengo nuevos sueños y voy por ellos, esta vez con más sabiduría y a la espera de nuevas aventuras, con el corazón expandido para ir en ayuda de otros que se quieran entregar a este juego llamado vida.

Reencuentro con los ancestros

Nuestra nueva vida juntos no ha sido fácil. André se había acostumbrado a vivir solo, tuve que poner reglas en la casa, orden, lograr que avisara dónde estaba... entre otras cosas. El pololeo le había hecho muy bien, de a poco se volvió más responsable y se convirtió en un buen dueño de casa.

En el aprendizaje de observarme y tras muchas peleas, noté que continuaba siendo controladora y él, rebelde, por lo que manteníamos una especie de gallito de manera inconsciente. Con la llegada de mucho trabajo para los dos, la falta de tiempo convirtió nuestra convivencia en hostil, pero todo tiene un ciclo: llegaron las vacaciones.

Mi familia materna tiene sus raíces en Temuco, en un hermoso pueblo llamado Melipeuco, donde viví los mejores veranos de mi niñez y adolescencia, junto a primos, tíos y abuelos. Al crecer me alejé, no visitaba aquel lugar desde hacía diez años. André no tuvo vacaciones por ser nuevo en su trabajo, así que ese año viajé con una prima, mi tía y mi madre.

Al llegar a ese increíble lugar en el sur de Chile, recordé todas mis aventuras de niña. El pueblo estaba más poblado, las calles pavimentadas y había muchas cabañas, hostales y restaurantes, lo que volvía al lugar uno más turístico; antes la gente andaba a caballo, ahora en autos.

Es maravilloso respirar aires frescos con sabor a nostalgia y recuerdos buenos. Hay cosas que no cambian: el recibimiento por parte de una familia unida y cariñosa, los brindis con vino tinto, asados propios de la tradición chilena; cada recuerdo, salud y abrazo; la bendición a la mesa y la comida; las carcajadas y baileteos eran parte de nuestra tradición.

Mi espíritu inquieto y de alma nómade me llevó a planificar un recorrido donde pudiera conectarme con bosques, volcanes, lagos y ríos. Fui al Parque Nacional Conguillio, el lago ahí ubicado se originó de un estancamiento de aguas, producido por las constantes erupciones del volcán Llaima y de la Sierra Nevada. Es un lugar conocido por su gran cantidad de araucarias y espectacular vista.

Fue muy sanador y reponedor ir, primero porque la similitud que tiene con algunos lugares de Nueva Zelanda es impresionante, así que al caminar por los senderos de los bosques cerré los ojos y me trasladé allá: saboreé el olor a bosque, el cielo azul, la enorme cantidad de vegetación, pájaros, árboles, lagunas y también nieve.

Cada vez que estoy en la naturaleza mi corazón se expande, mi alma vibra y agradezco las enormes bendiciones que la vida me ha regalado. Después del encierro y las mascarillas, fue un paraíso en la tierra... El miedo colectivo transmutó hacia la majestuosa libertad de la que habíamos sido privados. Caminamos sin miedo a ser contagiados, el aire es tan puro, que sería un pecado usar cubreboca.

Un paseo por el bosque renueva el espíritu y las ganas de seguir viviendo, estos encuentros transforman todo lo que había vivido en pandemia. La esperanza de que la humanidad cambiaría porque es merecedora de compartir con lo que el universo nos regaló: vida, naturaleza, amor...

Me sentí muy renovada y llena de energía. Por la noche no hay mejor lugar para ver las estrellas que Melipeuco.

Con mis primos tomamos un baño de tinajas de madera al aire libre, contándonos lo que había sido de nuestras vidas en estos años. De fondo sonaban los románticos italianos, además de las risas y el tintineo de las copas. Por cada estrella fugaz que veíamos, pedíamos un deseo o sueño por cumplir; también pasó algún ovni esa noche para recordarnos que nunca hemos estado solos, pues tenemos mucha compañía de seres que no vemos, pero ahí están, con nosotros. Debemos confiar en lo invisible, porque existen y hemos estado ciegos.

En ese momento todo quedaba atrás, olvidamos el toque de queda. Estábamos embobados por la lluvia de estrellas, las constelaciones y la aparición de una mágica luna para sellar el encuentro familiar.

Los ancestros de nuestros abuelos hicieron posible tener una descendencia gigante, de once hijos, más de cien nietos y muchos bisnietos, todos muy unidos. Aunque la distancia y el tiempo no nos reúna con la frecuencia que nos gustaría, esa es mi familia materna, una muy creyente de la virgen, longeva y amiga del vino tinto.

Los días posteriores fueron para romper miedos, nos tiramos en rafting. Como observadora, me di cuenta de que tengo una familia muy miedosa, de seguro mi abuela lo fue, lo noto en mi madre, tías y primas: el miedo está muy presente en sus vidas. Yo fui muy miedosa, pero he ido venciendo mis batallas, sobre todo después de las numerosas historias que he vivido, me he vuelto muy consciente de cómo nos inmoviliza y paraliza. Muchas cosas han pasado a lo largo de la historia por culpa de ello, en esta ocasión, mis primas y yo nos lanzamos por un río caudaloso, en balsa. Era curioso ver sus caras antes y después de la experiencia, pero lo bueno era que lo hicimos y quedó para el libro de los recuerdos.

Antes de irme, hice un trekking de nueve horas a los nevados del Sollipulli, llegando a la cima de un cráter cubierto por un glaciar, ya que su última erupción fue hace miles de años. Este es un complejo montañoso ubicado entre el volcán Llaima y Villarrica, el camino que tuve que atravesar me dejó perpleja: bosques, llanuras, pequeñas lagunas producto del deshielo y la vista del inmenso cráter cubierto de nieve era una recompensa después de esa enorme caminata.

Siempre que hago trekking, en algún momento pienso que no puedo caminar más, que sería mejor regresar, pero entonces sale la guerrera que hay en mí y aunque odie el cansancio, continúo hasta ver la cima. En general me encuentro con algo mágico y olvido todo lo que me costó y enseguida estoy pensando en subir algo más alto.

Sabor a ti

Había planeado todo, incluyendo mi vestido para provocarlo. Un rico almuerzo, una tarde de marzo sola en mi casa. Lo que no esperaba, era que justo ese día, André regresó temprano porque había tenido un problema en el trabajo. Llegó antes que mi invitado, mientras estaba preparando mi nueva receta.

Le pregunté qué había pasado y me dijo que ya no trabajaba más por el día. Entonces tuve que pedirle ir a pasar la tarde a algún lado, fuera de ahí porque yo estaría con gente; me sonrojé. Él se dio cuenta y comenzó a interrogarme, le di un par de respuestas ridículas y al cabo de un rato, se fue.

Llegó mi invitado.

—Hola, Amaro, tanto tiempo.

Nos saludamos con un abrazo, noté su mirada directa en mis ropas.

—¡Qué lindo vestido!

—Gracias, sabía que te gustaría.

Sonreí con un grado de picardía y él destapó un vino tinto exquisito. Comenzamos nuestro almuerzo en medio de miradas intensas y coqueteo puro. Me hizo un resumen de lo que había sido su viaje, nuestros destinos se habían cruzado más de una vez en el pasado.

Durante el almuerzo, me tocaba la pierna por debajo de la mesa, como la canción de Luis Miguel. Me acaloré, el vino hizo su efecto y lo invité a la terraza a comer el postre.

Cuando puse una cucharada de helado en mi boca, él se lanzó sobre mí y el encuentro terminó en la habitación, en medio de risas y ropa tirada por todo el departamento.

Disfrutaba estos alocados encuentros a la hora de almuerzo, en mi casa o en la suya; la pasión venía después de un aperitivo o de la siesta. Lo conocí como alguien muy estructurado, trabajaba para Codelco. Yo me iría pronto a Nueva Zelanda, por lo que había sido un corto, pero intenso romance. En más de una oportunidad pensé que era una prueba para saber si realmente quería irme, ya que este hombre me gustaba mucho.

Allá nos pusimos en contacto algunas veces, para mí se comenzó a sentir como un amor inconcluso. Al regresar había cambiado, dejó su trabajo de veinte años y decidió hacer vida en otro país, pero nuestros destinos volvieron a cruzarse; al tiempo partí a Tailandia y él, después de unos meses, regresó para renovar su pasaporte justo cuando comenzaba el estadillo social. Mi aventura también finalizaba, nos encontramos casi al comenzar la pandemia. Unos encuentros que siempre me dejaban con una sensación extraña, pero cargados de cariño.

Aprendí a verlo con sus bajones y alegrías, era un hombre un poco extraño, pero encantador; con mucha sensibilidad, inteligencia, generosidad, locura y bueno en el sexo. Me preguntaba por qué no nos lanzábamos al amor estable, pero nunca obtuve una respuesta, hasta que dejé de preguntármelo y me permití fluir. Cuando estábamos juntos lo pasábamos bien y teníamos conversaciones profundas.

Él, al igual que yo, estaba en un proceso de cambios, conectándose con su interior, saliendo de estructuras rígidas, lo que lo hacía un hombre profundo. En uno de nuestros almuerzos me contó parte de su niñez, algo que había hecho antes, pero no como ahora, pues agregaba más información.

Amaro tuvo una infancia difícil, pero es un hombre que se ha ocupado de lo que le causa dolor y ha hecho el trabajo tomando terapias y talleres. Con eso se reconcilió con su infancia, hoy ve a sus padres con mucho agradecimiento.

Venía de una familia de escasos recursos y vivió mucho bullying en el colegio. Creció así, siempre fue muy inteligente; en su adolescencia esa rebeldía innata lo convirtió en un joven curioso, arriesgado. Eran los tiempos de Pinochet, él luchaba por sus ideales, y pronto estaba tirando piedras y conociendo gente que al ver que era un chico de riesgos, lo metieron a construir algunas armas. Paralelo a eso, desarrollaba su amor por el arte, en sus pasatiempos también dibujaba e hizo una historieta (fanzine) para reflejar su vida en ese entonces. Más tarde, su madre notó su desorientación y desocupación por la vida, porque tampoco estaba estudiando y lo mandó a la escuela de suboficiales. Un vuelco grande que no concluyó, no era lo de él, a pesar de ello, su vida se formaba poco a poco, así que estudió ingeniería después de eso.

Al tiempo, se enamoró y se casó. Tuvo dos hijas, su matrimonio no funcionó y quedó devastado porque creía en su proyecto familiar, también porque quería estar presente día a día en la crianza. Quedó con una gran depresión de la cual le costó reponerse. En ese tiempo ya había entrado a Codelco y se destacó en ese trabajo, estuvo un buen período ahí. Después de unos años, lo conocí.

Actualmente tiene nuevos hobbies y pasiones, practica buceo, tomó un curso de fotografía y saca fotos bajo el agua, también escribe. Todo eso me gusta mucho de él, son cosas que lo convierten en alguien sensible dentro de sus estructuras.

Sorpresa en Ritoque

Ha pasado tiempo, pero continúa la pandemia. En alguna oportunidad, mencioné que nunca me he sentido como las ovejas, que van para un mismo lado. La situación la viví muy diferente al común de la gente, no dejando de ser cuidadosa y respetando la opinión y manera de actuar del resto.

Realicé viajes interregionales, invocando siempre a los ángeles; me moví por muchos lugares como La Serena, Viña del Mar y el interior de Temuco en busca de paz, equilibrio, fuerza mental, expansión, fe, energía positiva y libertad. Siempre salí de Santiago sin miedo, con ganas de inyectarme de energía para entregar a través de los masajes. Mucha gente opinaba, pero me dejaban sin cuidado los juicios de cualquier tipo. He tratado que André se maneje por la vida de igual manera, así que casi siempre me acompañaba.

Un buen día, una gran amiga me prestó su departamento en Cochoa, con infinito agradecimiento armé mis amigas maletas y partí junto a André cuando el segundo peak de covid dejaba sus secuelas. Vivía en un mundo paralelo, muy tranquila al respecto.

Una mañana decidimos ir a Ritoque, con todas las fases en contra, era Domingo. Nunca me había pasado algo saltándome las reglas, pero si pasara, cada quien tiene que afrontar las consecuencias, sin arrepentirse.

Llegamos al hermoso lugar y fuimos en busca de una aventura para darle sabor a la vida: escogimos caminar hacia el lado de las rocas y vallas. Extrañamente, un perro al que le llamé Chócolo nos acompañó durante buenas horas del trayecto. Pasamos por diferentes paisajes, al principio nos topamos con gente, pero luego solo estaba la naturaleza y nosotros.

Le conté a André sobre los pájaros. Cuando él era chico, comencé a observarlos y en algún momento del periodo de crianza, trabajo, estudios y la relación de pareja tóxica con su padre, sentí una gran carga de responsabilidad y los envidié, los miraba con mucha ilusión; quise ser como ellos: libres, pero no podía, tenía muchas responsabilidades y con el paso de los años, las cosas y circunstancias cambiaron. Le conté esto junto a las rocas y le mencioné que me sentía más libre que nunca, que los observo y soy parte de ellos.

Después de mucho conversar, de André escuchando callado y atento, solo me preguntó si estaba hablando en serio.

—Por supuesto —contesté, mientras continuaba nuestra caminata.

Entonces dijo que le gustaría sentir lo mismo, pero no lo lograba, aunque sí que lo había vivido en Nueva Zelanda.

Le contesté que primero debíamos responder con nuestras responsabilidades y luego vendrían otras etapas de la vida en que podríamos hacer lo posible para ser y sentirnos libres, pero todo tenía su costo.

Continuamos con nuestro paseo y nos cruzamos con unos caballos chúcaros, más bien salvajes. André se acercó lo más posible, corría tras ellos mientras yo lo miraba desde atrás. Lo vi tan feliz, tan niño, que tampoco pude creer que treinta años atrás, cuando tenía veinte, había estado en esa playa en un concierto loquísimo, en el cual Charlie García finalizó tocando el piano al amanecer, con miles de jóvenes bailando. Ahora estaba con mi hijo allí, mostrándole la naturaleza y la tranquilidad. Se lo conté. Nadie pensaría que yo estaría con él tanto tiempo después y en tan diferente escenario.

André también me recordó que había estado en ese lugar con su papá, haciendo memoria, dos años antes de emigrar habíamos estado ahí con su padre. Mientras mi hijo aprendía a surfear, nosotros caminábamos y nos sentábamos en las mismas rocas en que estábamos. Tuve la instancia de recalcarle a su papá que le dedicara más tiempo al niño, todo mientras lo mirábamos, porque estaba creciendo con una tremenda rapidez. Sentí cariño de su parte, me dijo que sí, que lo haría, pero quedó como una promesa nada más, a los días lo había olvidado.

Llegamos a una casa abandonada, sentí una presencia no muy buena... André tenía mucha curiosidad, quería entrar, pero le advertí que no lo hiciera porque no sentía nada bueno. Se las ingenió y de todas formas lo hizo. Chócolo comenzó a llorar, se me erizó la piel y lo llamé para que saliera de la casa, pero no lo hacía y el perro continuaba llorando.

Di vueltas alrededor de la casa, la presencia se sentía cada vez más fuerte. Estábamos en medio de un bosque, frente al mar. Me encomendé al universo y al rato André salió, pálido, dijo que habían muchas cosas que indicaban que ahí se juntaba gente para hacer brujería. Salimos rápido y el perro dejó de llorar, continuamos nuestra caminata muy pensativos. Al rato nos sentamos en unas rocas a contemplar la inmensidad del mar y conectarnos con nuestros sueños e interior.

Hoy, con esta pandemia, no podemos proyectarnos tanto. La vida cambia, pasamos en cuarentena muchas veces al año, aunque cada vez se respetan menos los protocolos, debido a diferentes factores. Hay mucha gente como yo, muchos terapeutas, entre otros oficios, que no tienen más alternativa que salir.

He visto mucho caos en relación al covid, he podido entrar a varias casas a recuperar cuerpos cansados y estresados; una parte de mí siempre ha querido saber qué ocurre con cada uno de mis pacientes. Muchos están agobiados, aburridos y he sido fuerte, pues siento que de alguna manera he podido colaborar desde la luz con ellos. Esto me hace muy feliz, es un trabajo físico, pero también muy energético.

Sigo una rutina constante de meditaciones diarias, como saludable, también cuido mucho mis pensamientos; no siempre lo logro, pero estoy educándome al respecto. Busco momentos de soledad para equilibrar el ruido de las otras mentes que recibo a diario, trato de mantener la calma cuando pareciera que esta etapa de pandemia no va a terminar. Tengo la certeza de que cada día hay más consciencias que despiertan. Confío en la juventud y en cada ser que ha tomado este tiempo de aparente caos para crecimiento interno, no todo es negativo.

Mucha gente ha conectado con su espiritualidad. Vi a través de mi retiro espiritual en Nepal a más de cien personas conectadas en el amor y la paz, en conexión con su espiritualidad, entre ellos muchos jóvenes. Tengo fe de que en unos años pasará también aquí y será parte de la historia, por mientras, dejo ver a cada alma que conozco lo mucho que me ha costado alcanzar este estado de libertad.

Durante ese tiempo, recibí una noticia que me tomé con calma: ha llegado el tiempo de continuar volando, pronto conoceré otras culturas, no quisiera apegarme a la zona de confort y quedarme esperando una respuesta del universo que diga cuándo será el momento adecuado para continuar mis viajes.

Cada una de las personas que atiendo es un mundo, una experiencia de vida que se entrelaza con la mía. He conocido a mucha gente maravillosa, con inquietudes, miedos y sueños; personas que han vivido la pandemia con altos y bajos.

Atendiendo a una de ellas, Carolina, una matrona joven y feminista, casada y con dos hijos pequeños, supe lo que vivió en el hospital atendiendo partos con mujeres que tuvieron que entrar solas a dar a luz porque el protocolo no permitía el ingreso de más personas, se habían restringido las visitas. Por lo mismo, muchos tuvieron que pasar momentos difíciles de salud solos, aunque esto podía ser una tremenda oportunidad si se miraba desde un punto de vista de desapego, para elevarnos más allá. Finalmente, cuando dejamos este mundo, lo hacemos solos, pero la gente insiste en aferrarse al miedo, viendo esto como lo peor que pueden vivir.

Así fue que con Carolina, en nuestra charla, el foco nos llevó a la muerte, este tema tan controversial que para cada uno tiene una connotación diferente, pues depende de... no sé, la religión, experiencias vividas… Para la mayoría es tan dolorosa y traumática.

En este viaje, poco a poco, la comencé a ver de una manera más amigable, comprendiendo realmente que el miedo a la muerte tiene que ver mucho con las creencias, pero cuando las dejamos, podemos verla como una trascendencia, un nacimiento a otro estado del ser. Es difícil, sobre todo para quienes en esta pandemia no alcanzaron a despedirse físicamente.

Carolina me mostró un texto que hizo referente a la muerte, me pareció tan interesante que lo mencionaré aquí, es su reflexión y testimonio como matrona:

Antes de enfrentarme a la muerte en mi vida, era una parte innegable e ineludible de mi trabajo. Me dedico al alto riesgo obstétrico. A pesar de que la maternidad es culturalmente vista como sinónimo del éxito y que la pérdida perinatal es un fenómeno excepcional, donde los bebés representan el inicio de la vida y no el final, hace muchos años dejó de ser una realidad para mí.

Convivo día a día con la muerte perinatal. Aprendí que la forma de enfrentarme a esto era enfocarme en lo médico, me enseñaron a no darle mucho tiempo a lo emocional. De a poco y a medida que avanzaba en mi formación ginecoobstetra, el éxito estaba reflejado en pacientes que luego de una pérdida gestacional, se veían tranquilas. Esto significaba que ellas entendían que era un accidente y nada podríamos haber hecho para evitarlo. De la mano de eso, venía un sentimiento de autosatisfacción, porque había logrado decir lo que era necesario en ese momento para que mi paciente lograra procesar de la mejor manera su pérdida, aunque eso desde el punto de vista profesional de la salud.

En Diciembre falleció mi mamá, con cero preparación, aunque su pronóstico venía con una enfermedad diagnosticada hacía tres años. En ese momento supe que la manera en que enfrentaría mi duelo modelaría la relación que tendrían mis hijos con la muerte. En la búsqueda de darle un significado a la muerte para ellos, obtuve una respuesta en un turno el veinticuatro de diciembre, con un mortinato de veinticuatro semanas, en profunda desesperación; la muerte no dejaba evitarla, comprendí que ese significado lo necesitamos todos. No se lo iba a dar en ese minuto, eso está claro, pero lo que podía hacer era acompañarla y sugerir que en algún momento se abriera a esa búsqueda.

Primero debemos cambiar la forma de manejar el duelo con ellos mismos, generando espacios en los que se converse el tema.

Después de leer parte de este fragmento, me di cuenta de que algunos profesionales están cambiando su manera de relacionarse con la gente.

Carolina me dio esperanza, la ciencia se abre, algunos médicos se relacionan con sus pacientes de manera más cercana, más involucrada. Pude ver que ella y otros miramos la muerte de otra manera.

Semanas después de la conversación, tuve un encuentro con la muerte de forma más cercana, con una tía, la hermana menor de mi madre, con quien viví en la niñez, después de que mis padres se separaron.

Ella era muy especial para mí, compartíamos la espiritualidad de diferentes maneras, pero después de que ocurrían estas cosas, uno se da cuenta de que todo era igual, nos encontramos en el mismo punto mirado desde otros ángulos.

Era una mujer muy católica, devota de la virgen como mi abuela; compartimos largas tertulias acerca de los ángeles, de su trabajo en la iglesia. Curiosamente muchos años asistió en la asunción de los enfermos, era una gran peregrina.

Hacía algunos años, había padecido fibromialgia y con esto comenzó el listado de enfermedades que fueron apareciendo, pero con su fe inquebrantable, seguía adelante: ojos secos, herpes, lupus y finalmente, un hígado destruido por la gran cantidad de medicina tradicional que consumió durante años.

Su estado empeoró en pandemia, un día nos avisaron que se había enfermado del estómago, pero eso se agravó hasta que fue a parar al hospital. Su cuerpo estaba débil, mi familia comenzó cadenas de oración, pero cayó en coma.

Todo sucedió en dos semanas, le pedí a su hija menor, quien era muy cercana a mí, que me avisara cualquier cosa. La pandemia lo puso todo más complicado, nadie podía ir a visitarla, pero el universo hizo su parte y fue acompañada por su hija y esposo.

Una noche me avisó alrededor de las tres de la mañana que su madre partiría en cualquier momento, al amanecer sentí la necesidad de ir y poder despedirme, fui con mi madre y André. Al llegar al hospital me encomendé a los ángeles para que abrieran caminos, ahí se manifestó la magia y todo fluyó para poder despedirnos: nos dijeron que por el covid ningún familiar, excepto su hija y marido, podían estar con ella, pero nos dieron el pase y tuvimos que vestirnos con delantales, guantes, mascarillas y gorro. Salieron ellos, mi madre y yo entramos, y cual escena de película de terror, la vimos.

Mi anciana madre se echó a llorar, la tomó de la mano sin dejar de mirarla. Yo le tomé la otra y le acaricié la cabeza y la cara. En ese momento me di cuenta de que no estaba ahí, que solo estaba su cuerpo, transformado por las sondas. Su color era amarillo y estaba conectada a una máquina que la mantenía respirando hasta que decidiera ascender completamente.

Mi corazón estaba apretado, hablé con ella y le dije que en algún momento estaríamos reunidas, le deseé un feliz viaje y le recordé cuánto la quería y estimaba. Le di las gracias por haber sido parte de mi crianza, pues sin duda, soy más madura y disciplinada gracias a ella. Le leí todos los mensajes que sus sobrinos escribieron través de WhatsApp. Sentí que parte de su alma estaba ahí, en ese momento, junto a otras maravillosas entidades que hicieron de ese instante uno de los más hermosos para mí, pues tuve certeza de que la muerte es un nacimiento.

Al rato la enfermera se acercó con enorme empatía y dulzura, nos sugirió que nos relevaran porque para mi madre todo era muy fuerte. Entró André, que estaba íntegro, lucido, fuerte. También fue muy cercana a él, lo visitó muchas veces cuando fui a Tailandia y hacía de las suyas. Al salir, tenía una expresión de impacto, pero lejos había sido el más sólido.

Ese día estaba sobrecargada de trabajo, conversé con mi prima, le dije que volvería en la tarde cuando terminara de trabajar y le pedí que entráramos juntas. Ahí íbamos, otra vez a vestirnos con trajes de astronautas.

Nos pusimos una a cada lado, comencé a tocar el cuenco mientras cantábamos mantras, al poco rato entramos en una especie de trance, parecía que no existía más gente que nosotras, pero en un momento me percaté de que entró un señor en silencio. Cuando se retiró, nos miró fijo y dijo: "Bienaventuradas ustedes, benditas sean, ella estará bien", y así como entró, se retiró. Supe en ese momento que una marianita del movimiento Schoenstatt, al que había pertenecido mi tía, se comunicaba con mi prima y le pedía que cantara su canción favorita, una que entonaba con el grupo. Mi prima le puso el teléfono en el oído y mientras la marianita cantaba, yo tocaba el cuenco.

El respirador comenzó a sonar, el pito no paraba y se hacía más estruendoso a mis oídos, cual película noté a la enfermera caminar con prisa. Cuando entró, nos dijo que era hora de despedirnos. No contuve las lágrimas, puse mi cabeza en su pecho, le tomé la mano y lloré, era nuestro último momento terrenal y era una despedida gloriosa, digna de una mujer que siempre estuvo al servicio de la comunidad, que amaba a Dios y rezaba a la virgen todos los días, que siempre tuvo oídos para quien la llamara, a la hora que fuera, dispuesta para hacer una visita y ayudar. Una extraordinaria tía y un maravilloso ser humano, con mucho amor al prójimo en su interior y sin pedir nada a cambio. Hacen falta estos seres hoy en día, son tiempos difíciles...

Seguido de eso, entró mi madre y el esposo de la tía antes de su último respiro, nos abrazamos en círculo y rezamos el ave maría; su partida fue el más hermoso nacimiento. La máquina dejó de sonar, solo se escuchaban los sollozos de la familia mientras su alma ascendía. El doctor dijo que nos esperaría afuera para entregarnos el certificado de defunción.

Salimos con una sensación distinta cada uno, después de la experiencia, me pregunté por qué la gente ve la muerte con tanto miedo, por qué un terror tan grande, traspasado de generación en generación; también me pregunté por qué el horror al coronavirus, pero no obtuve respuesta. Aunque siento una enorme tranquilidad de que es algo que pasará, somos humanos y algún día moriremos. Quizás enferme, pero es parte de la vida, no le pongo atención a lo que no la tiene, más bien, la dirijo a estar bien, a ocuparme de comer, tomar vitaminas, mantenerme activa, hacer ejercicios, meditar, estar en contacto con la naturaleza. No sé si es la clave o no, pero eso me hace sentir bien, independiente de los problemas que siempre existen; le doy más importancia a regalarme bienestar, alegría, y si tengo que llorar, lo hago dos días, para luego continuar.

La vida es corta, todo pasa y cada vez más rápido; no quiero detenerme y dejar de vivir por miedo a la pobreza, enfermedad, muerte, tener un accidente; tantos miedos en diferentes escalas y ¿de qué nos han servido como humanidad? ¿Dejar que otros nos atemoricen? Esta partida me hizo despertar de alguna manera; antes de que esto ocurriera, dejé ir algunos miedos, he vencido otros y me ocuparé de los que quedan.

Cumpleaños

Mi cumpleaños número cuarentaiséis fue bastante especial. Vinieron mis más cercanos amigos y primas; entre terapeutas, empresarias, profesoras, ingenieros y un cantante, comenzó mi celebración. Hubo cantos, risas, cuencos, abrazos y anécdotas, se inició lo que daría comienzo a un nuevo nacimiento para mí.

Al día siguiente viajé a Valdivia; la selva valdiviana, ubicada al sur de Chile, fue sin duda un viaje de retroinspección y reflexión, como suelen ser mis viajes cuando los hago sola. Disfruto de mi propia compañía y chequeo que esta es mi vida, que después de una pandemia tuve que enfrentar cambios como todos, y que en esta vuelta al sol estoy enfocada en el desapego de André, para así mirar nuestra relación desde otro punto de vista.

Tomé la decisión de emprender vuelo otra vez, pero sola y no sabía si habría retorno. Lo dejé en manos del universo. Hice una especie de autoretiro en una localidad llamada Pilolcura, situada a una hora al interior de Valdivia. Mi habitación estaba frente al mar, de noche escuchaba su estruendoso sonido; en ese lugar solo estábamos la recepcionista, las vacas, las ovejas, los verdes cerros, el mar y yo.

Como siempre, mi alma requería de unos días de soledad. Fui a recorrer el parque Oncol, no era casualidad que por la época en que fui hiciera una larga caminata en total soledad en medio de esa selva valdiviana, espesa y verde. Me eché en el pasto, miré hacia el cielo, un par de águilas volaban a ras de mí, lo cual era sorprendente por lo grandes y bellas que son. Medité un rato y fui hacia mi interior, me sentía aún pesada, creía que debía continuar alivianándome, sacando cargas para despegarme aún más. Es una ardua tarea encontrar el equilibrio físico, mental, emocional, ser consciente de tus pensamientos y sentimientos; chequear a quiénes y qué tienes alrededor, el mundo que te rodea, hacia dónde quieres ir.

Me pregunté si era honesta conmigo misma, con mis ideales, que por supuesto han ido cambiando; si era feliz y en qué estaba basada la felicidad. Es una respuesta muy difícil, para todos hay un concepto diferente. Recordé a Lama Rinchen, quien dice que la felicidad debería ser poder estar en paz. Pero qué difícil es cuando en mi caso, en algunas situaciones, soy muy reactiva. Por eso se debe trabajar, como mencioné antes. Para mí es importante hacerlo, aunque en algunos de esos conceptos avanzo muy lento.

Tomé otras decisiones que tenían que ver con redireccionar mi estancia en la tierra y en salir de mi zona de confort, a la que me comenzaba a acostumbrar, pero sin exigencias, a mi tiempo. Analicé cuánto había perdido en tratar de entender a gente que no me aportaba, que no me sumaba, y me di cuenta del tiempo que desperdicié.

En un tiempo tendré nuevas historias, porque todo va cambiando y lo importante es que pueda contribuir a la gente con lo que escribo, ese es el sentido.

Regresaré a ustedes cuando sea el momento. Bendiciones.

Epílogo

Al final de este viaje, saqué como conclusión que todo me trajo un enorme aprendizaje: una parte de mi se reconectó con su verdadero ser. Este fue un viaje que para llegar a realizarse necesitó de una pausa en mi vida, algo que todos deberían hacer.

El agradecimiento a la vida, al universo y todo lo invisible que se hace presente en el corazón, te lleva a un reencuentro con lo esencial. Ese viaje al interior puede darse al ir a otro sitio, como yo, que tuve la oportunidad de hacerlo, pero en pandemia continuó y aún no termina.

Las experiencias te hacen ver la vida de otra manera; muchas veces, la vida te lleva a esas experiencias, ya sea por decisión propia o por arrastre. Para aprender, es mejor no resistirse.

Con el tiempo saboreas las experiencias con risas, nostalgia y mucho cariño. Si miro mi vida hace diez años, nunca imaginé que haría tantas cosas. Hoy me siento contenta, tranquila, ya no me resisto a ciertas situaciones. Soy un ser humano más agradecido, más abierto y empático; he ido dejando los miedos atrás, cuando me he resistido, todo ha sido más duro y amargo. Aprendí a dejar fluir y valorar mi libertad más que cualquier cosa en el mundo.

Made in the USA
Middletown, DE
08 January 2023

20559525R00111